Manual de entrevistas

ROBIN KESSLER

Manual de entrevistas

Tradução de
GUSTAVO ÁVILA DE MENEZES

1ª edição

RIO DE JANEIRO – 2016

CIP-BRASIL. CATALOGAÇÃO NA FONTE
SINDICATO NACIONAL DOS EDITORES DE LIVROS, RJ

K52m Kessler, Robin
1ª. ed. Manual de entrevistas / Robin Kessler; tradução Gustavo Ávila de Menezes. – 1ª. ed. – Rio de Janeiro: Best Business, 2016.
14 x 21 cm.

Tradução de: Competency-Based Interviews
Apêndice
Inclui bibliografia
ISBN 978-85-68905-11-1

1. Procura de emprego. 2. Mercado de trabalho. 3. Entrevistas (Seleção de pessoal). 4. Curriculum vitae. I. Título.

15-29026
CDD: 650.14
CDU: 331.548

Manual de entrevistas, de autoria de Robin Kessler.
Texto revisado conforme o Acordo Ortográfico da Língua Portuguesa.
Primeira edição impressa em abril de 2016.
Título original norte-americano:
COMPETENCY-BASED INTERVIEWS

COMPETENCY-BASED INTERVIEWS © 2012 Robin Kessler.
Original English language edition published by Career Press. Original English language edition published by Career Press, 220 West Parkway, Unit 12, Pompton Plains, NJ 07444, USA. All rights reserved.
Copyright da tradução © 2013 by Editora BestSeller Ltda.

Todos os direitos reservados. Proibida a reprodução, no todo ou em parte, sem autorização prévia por escrito da editora, sejam quais forem os meios empregados.

Design de capa: Sérgio Campante.

Direitos exclusivos de publicação em língua portuguesa para o Brasil adquiridos pela Best Business, um selo da Editora Best Seller Ltda. Rua Argentina 171 – 20921-380 – Rio de Janeiro, RJ – Tel.: (21) 2585-2000 que se reserva a propriedade literária desta tradução.

Impresso no Brasil

ISBN 978-85-68905-11-1

Seja um leitor preferencial Best Business.
Cadastre-se e receba informações sobre nossos lançamentos e nossas promoções.

Atendimento ao leitor e vendas diretas: sac@record.com.br ou (21) 2585-2002.
Escreva para o editor: bestbusiness@record.com.br
www.record.com.br

*Este trabalho é dedicado à minha mãe,
com amor e gratidão.*

Agradecimentos

Como sempre, um enorme obrigado a todos que ajudaram na realização deste livro. Gostaria, entretanto, de apresentar um reconhecimento especial a algumas pessoas.

Para Paula Hanson: obrigado por realizar a edição inicial e oferecer orientação quando deparei com problemas. Qualquer tipo de problema. E por persistir há muito tempo como uma boa amiga.

Para Steven Lait, artista gráfico da Costco e ex-cartunista editorial da *Oakland Tribune* e do ANG Group.

Gostaria de agradecer aos consultores Ed Cripe, Cybelle Lyon, Cara Capretta Raymond, Michael Friedman, Dra. Kay Lillig Cotter e Ken Abosch por dividirem seus conhecimentos especializados, tempo, opiniões e competências pessoais. Ter a oportunidade de conversar com cada um de vocês me ajudou a tornar este livro mais consistente.

Para David Heath, Dessie Nash, Blake Nolingberg, Mindy Wertheimer, Erica Graham, Chip Smith, Kalen Phillips, Stephen Sye, Diane Schad Dayhoff, Mary Alice Eureste e Bill Baumgardt: obrigado por serem peritos em temas de suas áreas profissionais e por responderem a todas as minhas perguntas para o livro.

Para Ron Fry, Michael Pye, Adam Schwartz, Kirsten Dalley, Laurie Kelly-Pye e os demais membros da equipe na Career Press: obrigado por realizarem um excelente trabalho em fazer minhas palavras soarem bem, o livro parecer melhor e por serem ótimos de se trabalhar.

Para meus outros amigos e parentes: obrigado, mais uma vez, por tolerarem minhas saídas mais cedo, que eu não entrasse em contato tão frequentemente e não estivesse disponível para sair para jantar, ir ao cinema ou qualquer outra coisa. Já que este livro agora está terminado, por favor, me chamem.

Sumário

Introdução • 11

1. Entenda os sistemas de entrevista com foco em competências • 25
2. Identifique as competências-chave • 39
3. Saiba o que os entrevistadores são treinados para procurar • 59
4. Conte com perguntas comportamentais com foco em competências • 75
5. Comprove as competências com exemplos • 89
6. Apresente-se como um candidato consistente • 106
7. Considere outros tipos importantes de entrevista • 122

Revisão parcial • 139

8. Examine estudos de caso para tornar sua entrevista mais persuasiva • 158
9. Entenda como se desenvolve uma típica entrevista com foco em competências • 179
10. Aprenda com outros entrevistados • 191
11. Mantenha-se atualizado em relação à tecnologia e às práticas de entrevista • 219

12. Desenvolva competências globais para o futuro • 243
13. Envie uma nota de agradecimento, dê acompanhamento, obtenha uma proposta e negocie • 262
14. Administre produtivamente sua carreira em empresas com foco em competências • 276
15. Use currículos com foco em competências para conseguir sua próxima entrevista • 288
16. Pense a longo prazo e faça a mudança trabalhar para você • 305

Apêndice A • 313
Apêndice B • 335
Apêndice C • 345

Notas • 347
Bibliografia • 349

Introdução

O que você pode fazer para brilhar nas entrevistas e melhorar sua carreira? Como pode obter a oferta que deseja da empresa na qual quer trabalhar? Como pode progredir em sua carreira?

O primeiro passo é pensar de forma estratégica. Por que os editores escolhem apresentar ofertas para certos livros e não para outros? Por que alguns produtos são um sucesso e outros, não? Como Oprah se tornou uma estrela e o que ela faz para permanecer famosa? Como ela pode ser tão boa entrevistadora, atriz e ainda desenvolver e publicar sua revista? O que tornou Nelson Mandela, da África do Sul, e Aung San Suu Kyi, do Mianmar, pessoas tão admiradas por todo o mundo a ponto de ganharem o Prêmio Nobel da Paz? Por que você ou alguém que conhece ingressou em uma universidade de prestígio? Por que certas pessoas são selecionadas para as melhores funções e empregos, e o que faz com que outros candidatos qualificados sejam rejeitados?

As respostas para essas perguntas são complexas, mas se você realmente pensar sobre isso há três passos básicos que precisa tomar para melhorar sua capacidade de obter o que deseja.

O QUE É NECESSÁRIO PARA VENCER

Primeiro passo: aprender o que é necessário para vencer.
Segundo passo: fazer aquilo que é necessário para vencer.
Terceiro passo: reconhecer que aquilo que é necessário para vencer pode mudar — às vezes, rapidamente.

Quanto mais rapidamente você identificar uma mudança e adaptar sua postura, mais cedo obterá êxito. Na verdade, precisamos estar sempre prontos para isso. Novas ferramentas e novos métodos podem fazer com que os tomadores de decisão façam escolhas diferentes. Se nos adaptarmos a essas mudanças mais cedo do que os outros, aumentamos nossa probabilidade de vencer. Isto é tudo. Oprah possui capacidades artísticas acentuadas e Nelson Mandela e Aung San Suu Kyi demonstraram capacidades políticas excepcionais. Todos eles são obviamente mais inteligentes do que os indivíduos comuns, tanto intelectual quanto emocionalmente, mas também superaram desafios importantes na vida. Oprah sofreu abuso quando criança, Nelson Mandela foi encarcerado por 27 anos e Aung San Suu Kyi foi solta em 2011 depois de 15 anos de prisão domiciliar. Claramente, eles compreenderam o que era necessário para ficar à frente em suas áreas e tornaram-se especialistas em se manter na dianteira conforme os cenários mudavam. Mandela insistiu até se tornar presidente da África do Sul de 1994 a 1999, e Aung San Suu Kyi foi eleita em 2012 para o Parlamento em Mianmar (antiga Birmânia).

Uma das capacidades-chave que o ajudarão a administrar sua carreira é aprender a ser entrevistado de forma mais efetiva e convencer o entrevistador de que você é o melhor candidato para o emprego. Fazer boas entrevistas é fundamental se você deseja ser bem-sucedido. Então, de que forma você pode dar os três passos necessários para vencer e aplicá-los ao processo de entrevista? Este livro mostrará como obter êxito ao:

- Ensiná-lo a reconhecer as mudanças no processo de entrevista que estão sendo implementadas nas empresas mais sofisticadas.
- Explicar o que os entrevistadores procuram.
- Mostrar como enfatizar que suas competências atendem às necessidades do empregador.
- Desenvolver um plano para garantir que você tenha um bom desempenho em todas as entrevistas fundamentais.

Quando os sistemas mudam e crescem, precisamos ser mais inteligentes do que nossos concorrentes e reconhecer essas mudanças o mais cedo possível, da forma como Oprah e os ganhadores do Prêmio Nobel da Paz fizeram. Se não estivermos conscientes, nossas carreiras podem ser afetadas de maneira negativa. Precisamos de tempo para desenvolver e ajustar nossa estratégia, porque os empregadores mudam periodicamente os sistemas que usam para selecionar os funcionários. Se não mudarmos a estratégia, terminaremos por nos tornar menos valiosos para nosso empregador atual. Todos nós precisamos assumir a responsabilidade de administrar nossas carreiras de forma atuante, e isso inclui mudar nossa estratégia de resposta às mudanças introduzidas por executivos superiores. À medida que nos tornamos mais astutos, somos capazes de antecipar algumas dessas mudanças e nos prepararmos para elas.

Este livro lhe proporcionará uma nova — e melhor – estratégia para passar pelo processo de entrevista de forma mais efetiva e melhorar sua capacidade de conquistar o emprego que deseja. Se você usar este método, aumentará suas chances de:

- Ser selecionado para os cargos mais concorridos.
- Conquistar o melhor emprego em uma nova empresa.
- Conseguir um excelente primeiro emprego ou estágio.
- Ser escolhido para aquela promoção decisiva em sua empresa atual.
- Assumir o controle da trajetória de sua carreira.
- Aumentar seu salário.
- Receber tarefas mais gratificantes e um trabalho mais desafiador.

O QUE É DIFERENTE?

Compreender exatamente *como* os gerentes de recursos humanos, gerentes de setor e profissionais especializados procedem em relação às etapas de entrevista e admissão sempre proporcionou aos candidatos uma vantagem no processo de entrevista. Se você souber o que o entrevistador procura — e for esperto o suficiente para saber como usar essa informação — terá vantagem na entrevista. As empresas mais bem-sucedidas dos Estados Unidos e outras organizações mundialmente importantes utilizam sistemas com foco em competências para selecionar e gerenciar seus funcionários. Eis apenas alguns exemplos: American Express, Johnson & Johnson, Coca-Cola, Toyota, Bank of America, BP, Wells Fargo, General Motors, HP, RadioShack, HCA, Carlson Companies, BHP, IBM, General Electric, PDVSA, Anheuser-Busch, Girl Scouts USA, U.S. Federal Reserve System e a província da Colúmbia Britânica no Canadá. Algumas dessas organizações trabalham com sistemas com foco em competências há mais de vinte anos e os aplicam de forma cada vez mais sofisticada. Outras empresas, órgãos governamentais e organizações sem fins lucrativos adotaram as competências mais recentemente ou consideram a possibilidade de usá-las. Os sistemas com foco em competências ajudam as empresas a administrar seus recursos humanos, desde selecionar funcionários até avaliá-los, treinar, pagar e promover.

As entrevistas com foco em competências e as avaliações por competências são as duas formas mais comuns de as companhias utilizarem competências para ajudar a melhorar o potencial dos funcionários. Cada vez mais empresas incluem uma lista das competências em anúncios em seus próprios sites e em sites como o Catho, no Brasil. Desde janeiro de 2003, quando pela primeira vez percebi a necessidade do meu livro *Manual de currículos*, o número de anúncios de emprego que listam especificamente as competências que o empregador procura continua a crescer de maneira significativa.

No início de março de 2012, o site Monster.com veiculou anúncios pedindo competências de organizações de todos os portes. Estas eram as empresas com anúncios de emprego com foco em competências exibidos naquele dia:

- IBM
- Google
- Lockheed Martin
- Prudential
- KPMG
- Sanofi
- Konica Minolta
- Invensys
- Expedia
- Massachusetts General Hospital
- Ingersoll Rand
- Luminant
- ConAgra

Os anúncios do site CareerBuilder mencionando competências, na mesma época, apontavam estas empresas:

- DuPont
- General Mills
- Schlumberger
- Grainger

Funcionários dos melhores empregadores que aplicam a estratégia de competências agora têm a possibilidade de consultar informações sobre as competências fundamentais no site de seus empregadores, nos livros de referência ou manuais dos funcionários disponíveis on-line. As competências para seus cargos atuais são quase sempre tratadas como parte de suas avaliações.

O QUE SÃO COMPETÊNCIAS?

Paul Green em seu livro *Desenvolvendo competências consistentes* define a competência individual como uma descrição por escrito de hábitos de trabalho mensuráveis e habilidades individuais utilizadas para atingir determinado objetivo profissional. Algumas empresas definem competências de forma ligeiramente diferente, como "características, comportamento, conhecimento e capacidades subjacentes exigidos para diferenciar o desempenho". Elas definem o que os profissionais com elevado nível de desempenho realizam mais frequentemente, em variadas situações e com melhores resultados. De forma simples, competências são as características-chave dos executivos mais bem-sucedidos que os ajudam a ser bem-sucedidos. As empresas se beneficiam ao trabalhar com competências porque estas lhes proporcionam uma forma mais eficaz e sofisticada de gerenciar, medir e melhorar a qualidade de seus funcionários. Não surpreende que o uso de competências continue a crescer. De acordo com Signe Spencer, consultora sênior do Hay Group em Boston e coautora de *Competence at Work* [*Competência no trabalho*, em tradução livre], "nos últimos 15 anos assistimos a uma explosão de interesse no trabalho com foco em competências em todos os níveis e em todo o mundo". As competências não são apenas uma tendência!

As competências relevantes para qualquer cargo em todas as empresas são chamadas **competências-chave**. As competências usadas nas entrevistas e em outras aplicações podem ser identificadas no nível departamental ou funcional, ou mesmo no nível individual. Ser bem-sucedido como contador demandará competências diferentes das exigidas para um cargo de vendas. No Capítulo 2 explicarei melhor as competências, fornecendo a informação necessária para identificar com êxito as mais relevantes para o cargo que você deseja *antes* da entrevista. Muitas empresas optam por não usar a expressão *competências*. Elas preferem utilizar outros termos, como *fatores, atributos, valores, dimensões de sucesso* e assim por diante. Cada um significa algo ligeiramente diferente, e os tomadores de decisão têm boas razões para escolhê-los. Para os candidatos, entretanto, faz sentido considerar todas essas categorias em busca de informação que descreva o que o empregador realmente procura — as características-chave ou competências-chave. Os sistemas com foco em competências elaborados por consultores e corporações podem ser complexos. Este livro o ajudará a entendê-los e lhe fornecerá as ferramentas de que você precisa como candidato para utilizá-los da melhor forma.

O QUE SÃO ENTREVISTAS COM FOCO EM COMPETÊNCIAS?

Cada vez mais entrevistadores nas melhores empresas utilizam técnicas de entrevista comportamentais para ajudar a determinar o nível de competência dos candidatos em áreas-chave mais críticas para o sucesso. A entrevista comportamental é usada há mais de 20 anos na maioria das corporações sofisticadas, mas perguntas de entrevista comportamental *visando competências relevantes* têm sido aplicadas apenas nos últimos dez a 15 anos. Os entrevistadores em muitas das melhores empresas são treinados para usar esses novos sistemas com foco em competências e avaliar candidatos de uma forma muito mais complexa e abrangente do que faziam no passado. Eles agora são instruídos a avaliar a adequação do candidato ao cargo com base em seu nível de competência e a avaliar a comunicação não verbal e verbal do profissional de uma forma mais complexa. As empresas podem usar nomes diferentes (incluindo *entrevista de seleção dirigida* e *entrevista com foco em fatos*) para descrever o que essencialmente é a entrevista com foco em competências. Um modelo para esse processo de entrevista envolve fazer perguntas básicas visando cada competência-chave. Outro método pede aos entrevistadores para identificar indicadores de competências, ouvindo atentamente as respostas às perguntas e às perguntas complementares (também chamadas *sondagens*). No Capítulo 1 iremos analisar esses dois métodos com mais detalhes.

A despeito de todas essas mudanças, a maioria dos orientadores de carreira e candidatos não atualizou seus métodos de entrevista, currículos e outras técnicas de pesquisa de emprego, de modo a incluir as competências que os empregadores buscam atualmente. Ao contrário, apresentam no mercado aspectos positivos e realizações dos candidatos da forma como sempre fizeram. Está na hora de aceitarmos que o mercado de trabalho mudou e de adaptarmos nossos métodos convenientemente. As competências são a forma pela qual a maioria das organizações respeitadas avalia se vai entrevistar e contratar candidatos. Para aqueles que estão tentando transformar suas entrevistas em uma oferta de emprego, está na hora de mudar e ser mais estratégico. É o momento de aprender a usar suas competências para convencer os empregadores de que você é o melhor candidato — porque é capaz de provar a eles que possui as competências fundamentais de que precisam.

> Como se costuma dizer, você não quer lutar na guerra de hoje usando equipamentos, estratégias e táticas do século passado.

Cabe a você aprender a ser entrevistado no modelo com foco em competências. Para realizar isso, você precisa:

1. Compreender os sistemas de entrevista com foco em competências.
2. Identificar as competências-chave para o cargo.
3. Saber o que os entrevistadores são treinados para procurar.
4. Esperar por perguntas comportamentais com foco em competências.
5. Comprovar suas competências com exemplos.
6. Apresentar-se como um candidato consistente.
7. Considerar outros sinais importantes na entrevista.
8. Certificar-se de que está pronto para a entrevista.
9. Analisar estudos de caso em busca de ideias para tornar sua entrevista mais persuasiva.
10. Compreender de que maneira uma entrevista típica com foco em competências se desenrola.
11. Aprender com outros entrevistados.
12. Perceber que o processo de entrevista com base em competências está se tornando o padrão internacional.
13. Manter-se atualizado em relação às tecnologias e às práticas de entrevista.
14. Enviar um agradecimento, acompanhá-lo, obter uma proposta e negociar.

Quando você conquistar aquele excelente emprego, pode precisar aprender a conduzir entrevistas com foco em competências. E será mais bem-sucedido em sua nova posição se reservar algum tempo para seguir as sugestões (no capítulo final) para administrar sua carreira em uma empresa que tenha o foco em competências. Seguindo as sugestões neste livro, você se sairá melhor em qualquer entrevista e aumentará a probabilidade de receber uma oferta. Aprender a se tornar um perito em entrevistas com foco em competências também fará de você um comunicador melhor em reuniões, interações pessoais, apresentações e em outros tipos de entrevistas.

As empresas também se beneficiam quando seus candidatos aprendem a ser entrevistados de forma mais eficaz. Se mais pessoas dessem respostas ponderadas, que ilustram suas experiências, os entrevistadores seriam capazes de tomar decisões de contratação mais embasadas. Eles teriam a informação de que precisam para verdadeiramente contratar a pessoa mais competente para o emprego. Mesmo candidatos fortes e extremamente competentes podem se beneficiar de um treinamento ou *coaching* de entrevistas para ajudá-los a pensar a respeito de suas *melhores* realizações antes de uma entrevista. Muito embora a maioria dos gestores saiba que os melhores funcionários nem sempre são os melhores entrevistados, eles normalmente tomam a decisão com base na entrevista.

Você está pronto para começar a lapidar suas técnicas de entrevista de modo que o entrevistador perceba que você é o melhor candidato? Vamos começar!

PONTOS-CHAVE DA INTRODUÇÃO

A competência individual é uma descrição por escrito de hábitos de trabalho mensuráveis e habilidades utilizadas para atingir determinado objetivo profissional.

O que é necessário para vencer nas organizações de hoje?

1. Aprender o que é necessário para vencer.
2. Fazer aquilo que é necessário para vencer.
3. Reconhecer que aquilo que é necessário para vencer muda com frequência — às vezes, rapidamente.

Como posso aumentar minhas chances de conquistar o cargo que desejo?

Organizações com foco em competências se valem de um sistema diferente para avaliar e medir o sucesso, particularmente quando estão selecionando, promovendo e treinando seus funcionários. Compreender como os sistemas com foco em competências funcionam é vital para obter sucesso nas empresas atualmente. O mais importante a lembrar é que esses sistemas sempre mudam. Você precisa ajustar sua própria estratégia para se adequar às mudanças do empregador.

O que são competências?

As características-chave que a maioria dos funcionários bem-sucedidos possui que os ajudam a ser tão bem-sucedidos.

O que são competências-chave?

As competências-chave são usadas por toda a organização para ajudar a alcançar objetivos ou metas organizacionais.

Quais são os demais níveis de competências?

- Departamentais ou funcionais.
- Individuais.

Quais são as duas aplicações mais comuns com foco em competências?

- Avaliações baseadas em competências.
- Processos de seleção baseados em competências, incluindo a entrevista.

O que são perguntas de entrevista comportamental?

Os entrevistadores fazem perguntas para avaliar o nível de competência dos candidatos em várias áreas.

O processo de entrevista comportamental é baseado na teoria de que o comportamento passado é o melhor indicador do comportamento futuro. Em outras palavras, *o sucesso do passado indica o sucesso do futuro*.

O que você pode fazer para alcançar a excelência em processos de entrevista para cargos competitivos?

Suas respostas às perguntas da entrevista devem ser focadas (nas competências desejadas), seguras (use palavras de grande eficácia para descrever suas competências) e concisas (argumente bem, faça-o de forma clara e use um palavreado preciso).

Como você pode continuar a promover suas competências depois de ser contratado?

Ferramentas estratégicas de marketing incluem currículos com foco em competências, cartas de apresentação marcantes, networking e técnicas de entrevista refinadas. Concentre-se nas competências exigidas por seu empregador atual se você quiser ser considerado para promoção ou outras oportunidades.

Como as companhias usam as competências para fortalecer sua força de trabalho?

Elas utilizam as competências para:

- Veicular anúncios para candidatos.
- Examinar currículos de candidatos.
- Entrevistar, usando técnicas comportamentais.
- Selecionar funcionários.
- Avaliar funcionários.
- Treinar funcionários.
- Promover funcionários.
- Recompensar funcionários.
- Determinar atribuições.

1. Entenda os sistemas de entrevista com foco em competências

Quando éramos estudantes, a maioria de nós percebia a importância de entender qual era o objetivo do professor — quais tarefas eram exigidas e quais eram opcionais. Se praticamos esportes, precisamos entender os pontos fortes, as vulnerabilidades e a estratégia de nosso oponente, mesmo se formos favoritos na competição. Quando fazemos uma apresentação de negócios, precisamos entender as necessidades e os interesses do público a que nos dirigimos antes de desenvolver o discurso. Descobrir o que as outras pessoas esperam é fundamental para obter sucesso na maioria dos aspectos da vida, se não em todos. Em uma entrevista, simplesmente temos que convencê-las de que nos enquadramos bem na empresa e que temos as capacidades necessárias para o trabalho.

Antes de começar a se preparar, é importante entender o método de entrevista que será usado pelo entrevistador. Algumas empresas ainda são tradicionais em seu posicionamento em relação à entrevista. Muitos gerentes de recrutamento e seleção ainda optam por candidatos baseando-se simplesmente no fato de *gostarem* ou não deles. Além disso, podem priorizar se o candidato preenche os requisitos básicos de qualificação, como notas e nível acadêmico. Muitos escritórios de advocacia e empresas mais tradicionais ainda entrevistam os candidatos dessa forma. Alguns gerentes de recrutamento e seleção usam perguntas hipotéticas sobre o que o candidato faria em determinada situação. As pessoas que apreciam esse estilo de entrevista acreditam que ele proporciona a possibilidade de entender como os candidatos tomam decisões rapidamente, mas outros acreditam que não seja tão eficaz quanto descobrir o desempenho dos candidatos no passado. Esse tipo de entrevista, que há anos é utilizado por empresas de consultoria, inclui perguntas baseadas em casos hipotéticos e reais e pode ser usado para avaliar a capacidade de um candidato de responder, sob pressão, a perguntas difíceis de estudos de caso, enquanto o entrevistador avalia seus pontos fortes e áreas de competências-chave. (Ver Capítulo 13 para detalhes sobre entrevistas com estudo de caso.) Entretanto, a maioria das empresas com boa reputação percebeu que as entrevistas no antigo estilo não são tão eficazes em ajudá-las a escolher os funcionários. Então, mudaram para o estilo mais moderno de entrevista, com foco em competências, porque acreditam que devem se manter sempre atualizadas. De acordo com a Dra. Amy Conn, consultora sênior para soluções de gestão profissional para a Personnel Decisions Inc., um dos grupos de consultoria que trabalham com as maiores empresas dos Estados Unidos para desenvolver e melhorar os sistemas com foco em competências, "as entrevistas com foco em competências são claramente o método mais usado para uma entrevista". Reconhecer como o mercado de trabalho mudou — e aprender como fazer com que essas mudanças trabalhem para você — pode representar a diferença entre sucesso e fracasso.

O QUE MUDOU?

Os empregadores mais sofisticados utilizam principalmente os sistemas de entrevista com foco em competências para selecionar candidatos. Se você não foi entrevistado há pouco tempo ou vem de uma cultura diferente, provavelmente sabe que precisa de alguma ajuda para se sair bem. Alguns candidatos acham que sabem o que esperar da entrevista, e podem ser necessárias algumas experiências ruins antes de decidirem que seu velho método não funciona mais tão bem. Mas, mesmo que você seja articulado, reaja rapidamente de forma ponderada, tenha as melhores qualificações e esteja confiante de que é um excelente candidato, preparar-se para uma entrevista é importante. Lembre-se de que seu desempenho na entrevista fornece aos entrevistadores uma ideia da qualidade do trabalho que eles podem esperar de você no futuro. Seja na hora de redigir um currículo, preparar-se para uma entrevista ou para uma análise de desempenho, ficar ciente de quais competências o empregador procura é o primeiro passo em direção ao sucesso. O próximo passo? Aprenda como provar que você é muito bom nessas áreas fundamentais de competência.

Como funciona uma entrevista com foco em competências?

De forma muito simples, uma entrevista com foco em competências é extremamente estruturada e envolve o uso de perguntas comportamentais para ajudar a avaliar o candidato com base em competências fundamentais já identificadas pelo empregador. Perguntas-chave ajudam o(s) entrevistador(es) a determinar o nível de aptidão dos candidatos em áreas de competências específicas.

DEFINIÇÃO-CHAVE

Entrevistas com foco em competências são extremamente estruturadas e usam perguntas comportamentais para ajudar o entrevistador a avaliar os candidatos com base em competências fundamentais para o cargo.

Seja você um candidato que deseja trabalhar para uma empresa que usa sistemas com foco em competências ou um funcionário que já trabalha em uma empresa desse tipo, é importante reconhecer que talvez esteja na hora de mudar sua própria perspectiva em relação ao processo. Reorganize-se para se atualizar. Adapte-se. Acrescente um período de preparação antes de se candidatar a um cargo. Está na hora de aceitar o fato de que, entre as grandes empresas, quase todas utilizam o método de entrevistas com foco em competências,

O estilo de entrevista com foco em competências mais usado faz perguntas básicas aos candidatos, visando as competências fundamentais para o cargo. Quase todas as empresas de consultoria importantes que contribuem para identificar competências incentivam seus clientes a usar os métodos estruturados de entrevista que elas desenvolveram. Um exemplo bem conhecido dessa estratégia é *a entrevista de seleção dirigida*, que foi desenvolvida pela empresa de consultoria Development Dimensions, Inc. Ela apresenta a seleção dirigida em seu site, dizendo que usa o processo de entrevista comportamental e ajuda empresas a:

- Identificar as competências necessárias a todas as posições-chave.
- Desenvolver técnicas de entrevista e confiança para seleções mais precisas.
- Aumentar a eficiência do processo de seleção de funcionários.

Outro método começa com o gestor fazendo uma pergunta a respeito de uma realização importante e, a seguir, fazendo questões complementares para sondar informações adicionais sobre competências, pontos fortes e fracos. Um exemplo desse método pode ser encontrado em *The One Question Interview* [*A entrevista de uma pergunta*, em tradução livre], de autoria de Lou Adler. Nos dois estilos, os gestores são instruídos a fazer perguntas comportamentais aos candidatos, com base na teoria de que o comportamento passado é o melhor indicador do comportamento futuro. Em outras palavras, o sucesso passado é o melhor indicador do sucesso futuro. Pede-se aos gestores que avaliem o nível de competência do candidato em várias áreas críticas. Ambos os estilos de entrevista são abordados com mais detalhes neste capítulo.

DEFINIÇÃO-CHAVE

Perguntas comportamentais são baseadas na teoria de que o comportamento passado é o melhor indicador do comportamento futuro.

Para termos um bom desempenho em uma entrevista com foco em competências precisamos, primeiramente, entender os dois estilos básicos de entrevista que levam em conta as competências.

Método de entrevistas com foco em competências mais característico

Exemplo: Johnson & Johnson

A Johnson & Johnson trabalha com processos de entrevistas com foco em competências há mais de 15 anos. A empresa desenvolveu guias de entrevistas para seus gestores e executivos seniores, profissionais, líderes individuais (profissionais e gestores) e para entrevistas nas universidades. De acordo com Susan Millard, ex-vice-presidente de Gestão Estratégica de Talentos na Johnson & Johnson, "prever o sucesso no trabalho e as competências que têm mais importância para o desempenho e operar com os mais elevados padrões éticos são pontos fundamentais para assegurar que dispomos do talento necessário para dar impulso a nosso crescimento e nossa cultura na J&J". O evento de recrutamento da empresa, em 2005, com 700 MBAs e gestores, foi tão bem-sucedido porque os entrevistadores usaram edições atualizadas de seus Guias de Entrevista de Perfil de Liderança Global com foco em competências, e foram capazes de identificar alguns candidatos particularmente fortes. Esses guias de entrevista analisam como o entrevistador deve se preparar antes da entrevista, sugerem formas de começá-la e pedem ao entrevistador para examinar a experiência do candidato e fazer perguntas, além de fornecer várias perguntas comportamentais para cada competência fundamental para a posição. Pede-se ao entrevistador para classificar o candidato com base nas competências e na capacidade de comunicação.

Embora toda competência seja muito importante, eu escolhi mostrar a você o exemplo **Motivado por resultados e desempenho**, porque ele representa uma das competências mais frequentemente usadas. Outras empresas às vezes usam palavras diferentes para descrever a mesma competência, tais como:

- Orientação para resultados
- Motivação por resultados
- Viés de desempenho
- Alcance de objetivos

Motivado por resultados e desempenho

Orientado por metas; persiste quando obstáculos são encontrados; incentiva os demais a serem responsáveis por seus atos; inflexivelmente focado e comprometido com a assistência ao cliente; pensa de forma criativa.

Exemplos-chave

- Execução sem falhas — atribui responsabilidade a si mesmo, às pessoas por quem é responsável diretamente e aos demais pela execução perfeita e de acordo com as regras de tarefas e projetos.

- Aceita objetivos aparentemente difíceis de serem alcançados com os recursos disponíveis — abraça com entusiasmo esses objetivos, avalia as realizações matematicamente.

- Raciocínio centrado no cliente — faz do cliente o ponto central de todas as decisões para gerar valor; impõe o foco no cliente aos demais e os desafia a irem além das expectativas do cliente.

Perguntas comportamentais planejadas

1. Descreva uma situação em que você foi particularmente eficaz em alcançar resultados. Quais medidas você tomou?

2. Pense em uma época em que você constantemente excedia as expectativas internas ou externas do cliente. Como realizava isso? Qual estratégia usava?

3. Dê um exemplo de um projeto ou equipe que você tenha gerenciado no qual havia muitos obstáculos a superar. O que você fez para lidar com esses obstáculos?

4. Conte-me de uma ocasião em que você precisou obter informação para compreender melhor um cliente. O que você fez? Como essa informação melhorou seu atendimento a esse cliente?

5. Nem sempre é fácil alcançar as metas ou os objetivos exigidos. Descreva uma meta ou um objetivo de difícil execução que você foi capaz de alcançar. Por que esse foi um objetivo difícil de ser alcançado? Como você alcançou essa meta ou esse objetivo?

Situação/Tarefa	Ação	Resultado

Comunicação: _____

Avaliação da competência Motivado por resultados e desempenho: ☐

(Para explicações das avaliações do quadro anterior, ver Capítulo 3.)

Outro método

Outro processo atual de entrevista começa com uma pergunta ao candidato a partir da qual será feita uma série de questões complementares para explorar informações adicionais. Essa técnica de entrevista oferece uma forma interessante e diferente de avaliar um candidato: ouvir para obter comprovação da competência do indivíduo (e das competências fundamentais) em suas respostas. A técnica básica pode ser encontrada no trecho de um artigo do consultor Lou Adler, cuja empresa, The Adler Group, ensina técnicas de entrevista para clientes importantes. Ele incentiva os entrevistadores a, primeiro, pedir ao candidato para pensar a respeito de sua realização mais significativa e, depois, contar ao entrevistador a respeito dela. Os entrevistadores são, então, direcionados para a sondagem do candidato de forma a obter as seguintes informações sobre a realização, um processo que leva cerca de 15 a 20 minutos:

- Uma descrição completa da realização.
- A empresa para a qual trabalhou e o que eles faziam.
- Os resultados efetivos alcançados: números, fatos, mudanças realizadas, detalhes, quantidades.
- Quando ela ocorreu.
- Quanto tempo levou.
- A importância dessa realização para a empresa.
- Seu cargo e função.
- Por que você foi escolhido.
- Os três ou quatro maiores desafios que você enfrentou e como lidou com eles.
- Alguns exemplos de liderança e iniciativa.
- Algumas das decisões importantes que tomou.

- O ambiente e os recursos disponíveis.
- Como você disponibilizou mais recursos.
- As capacidades técnicas necessárias para realizar o objetivo.
- As capacidades técnicas aprendidas e quanto tempo levou para aprendê-las.
- O papel efetivo que você desempenhou.
- A equipe envolvida e todas as relações formais de subordinação.
- Alguns dos maiores erros que você cometeu.
- Como você mudou e cresceu como pessoa.
- O que você faria de forma diferente se pudesse fazê-lo novamente.
- Aspectos do projeto que você verdadeiramente apreciou.
- Aspectos que você particularmente não apreciava.
- O orçamento disponível e seu papel no preparo e/ou no gerenciamento dele.
- Como você se saiu no projeto, comparado ao planejado.
- Como você desenvolveu o plano.
- Como você motivou e influenciou as demais pessoas, por meio de exemplos específicos que comprovem suas alegações.
- Como você lidava com conflitos, com alguns exemplos específicos.
- Qualquer outra coisa que você achou que foi importante para o sucesso do projeto.

Adler incentiva os entrevistadores a conduzir esse tipo de entrevista porque acredita que "as revelações obtidas através desse tipo de pergunta seriam notáveis. Quase tudo o que você precisa saber a respeito da competência de uma pessoa pode ser extraído desse tipo de pergunta".[1]

COMPARANDO OS DOIS TIPOS DE ENTREVISTA

Ambos os métodos oferecem aos entrevistadores informação substantiva e útil sobre os candidatos. Os dois pedem que os entrevistadores determinem o nível de aptidão do candidato em áreas de competências fundamentais que são importantes para ser bem-sucedido no cargo. O método mais comum considera várias das competências fundamentais e pede ao candidato para responder perguntas comportamentais que visam essas competências. O outro método vai mais fundo em apenas uma ou duas realizações e pede ao candidato para considerar essas realizações de perspectivas diferentes, incluindo competências.

Então, por que tudo isso tem importância? Se você for capaz de perceber qual tipo está sendo usado em uma entrevista, conseguirá dar respostas melhores ao entrevistador. Seguindo a orientação deste livro, você estará preparado para os dois tipos de entrevista — e quaisquer variações que possam ser desenvolvidas no futuro. Você precisa começar a pensar em como se preparar para esses tipos de entrevista. Entretanto, este livro dará uma ênfase maior em ajudá-lo a se preparar para o primeiro tipo, porque ele é muito mais comum.

Quando você usa realizações para provar que é consistente em cada competência relevante durante uma entrevista, pode esperar perguntas complementares para sondar o quanto você sabe ou simplesmente esclarecer algo para o entrevistador. É uma boa ideia descobrir com antecedência como cada realização pode fornecer evidência em mais de uma área de competência. À medida que você pensar a respeito de cada realização, reflita sobre as possíveis perguntas complementares que lhe podem ser feitas de modo a obter informações sobre áreas-chave de competência. Se proceder dessa forma, você estará preparado para qualquer um dos tipos de entrevista. Seja esperto, seja astuto e descubra o que você pode esperar *antes* da entrevista.

PONTOS-CHAVE DO CAPÍTULO 1

Entrevistas com foco em competências são claramente o método mais utilizado em uma entrevista.

— Dra. Amy Conn, Personnel Decisions International

Todas as empresas estão usando sistemas de entrevista com foco em competências?

A maioria das organizações mais sofisticadas em todo o mundo usa sistemas de entrevista com foco em competências.

Companhias mais tradicionais e escritórios de advocacia ainda estão entrevistando e tomando decisões importantes baseadas nas qualificações do candidato e se o entrevistador gosta ou não dele.

Como você pode dizer que está sendo submetido a uma entrevista com foco em competências?

Entrevistas com foco em competências são extremamente estruturadas e usam perguntas comportamentais para ajudar o entrevistador a obter boas respostas do candidato e para ajudá-lo a avaliar funcionários em potencial de forma mais efetiva com base nas competências fundamentais identificadas para o cargo.

O que é entrevista comportamental?

É um estilo de entrevistar que se baseia na teoria de que o comportamento passado é o melhor indicador de comportamento futuro.

Como são estruturadas as entrevistas com foco em competências?

As empresas normalmente identificam de três a cinco perguntas principais que visam cada uma das áreas de competência fundamentais; os entrevistadores podem, então, usá-las para obter do candidato as informações necessárias para avaliar seu nível de competência.

Qual é a diferença entre os dois estilos de entrevista mencionados neste capítulo?

O estilo 1 é o tipo de entrevista com foco em competências mais utilizado. Os entrevistadores fazem perguntas comportamentais aos candidatos que visam cada área de competência considerada importante para o sucesso no cargo. Os candidatos têm a oportunidade de falar sobre um número maior de realizações. O estilo 2 pede aos candidatos que considerem uma realização e, então, investiga para obter informações adicionais — incluindo considerar a realização pela perspectiva de competências diferentes.

2. Identifique as competências-chave

Eu não somente uso toda a inteligência que tenho, mas todas as que puder pegar emprestado.

— Woodrow Wilson

Acredito em ser o mais esperto possível *antes* da entrevista de fato. Dispor de um tempo para se informar sobre o que a empresa procura antes da entrevista é fundamental se você quiser convencer o entrevistador de que é a melhor pessoa para o cargo. Se precisar buscar informações com outras pessoas, como Woodrow Wilson provavelmente teria feito, ou por meio de pesquisa on-line, utilize a dica da campanha publicitária da Nike: *Just do it* — apenas faça, em português. (A Nike, a propósito, é outra empresa que trabalha com competências.)

Países com uma língua comum podem ter prioridades diferentes em relação a competências, e, em cada um deles, empresas diferentes terão necessidades diferentes — e competências distintas. As empresas desenvolvem suas próprias listas de competências e normalmente trabalham intimamente com consultores para se beneficiarem de sua *expertise* em competências e modelagem de competências. As empresas conservadoras tendem a enfatizar competências muito diferentes das que as empresas mais progressistas enfatizam, como Ben and Jerry's ou Starbucks. Pense na diferença entre a United Airlines e a Southwest Airlines, por exemplo. Ou IBM e Apple. Entretanto, as competências normalmente são consistentes com a cultura corporativa que os gerentes tentam criar. Qual é a melhor forma de descobrir o que o gerente de recrutamento e seleção estará procurando na entrevista? As competências são um excelente lugar para começar.

Algumas empresas listam competências para suas posições em seus anúncios. As competências-chave (também chamadas fatores, dimensões e valores de sucesso) podem ser parte da descrição do cargo. Outras corporações podem não listar explicitamente suas competências, mas, ainda assim, procuram candidatos que possuam as competências necessárias para serem bem-sucedidos naqueles cargos. Quer uma empresa identifique formalmente ou não essas competências, *todas* procuram pessoas que as possuam.

Por exemplo, a Boeing listou uma oportunidade em um site de empregos em março de 2012 para um cargo de gerente-geral de recursos humanos em Vienna, Virgínia. Incluiu uma lista das competências exigidas para o cargo e as subdividiu em categorias:

Atributos de liderança da Boeing:

- Traçar o plano de ação
- Produzir resultados
- Encontrar caminhos
- Inspirar as pessoas
- Viver os valores da Boeing
- Estabelecer expectativas elevadas

Competências gerais:

- Desenvolver talentos no ambiente organizacional
- Foco no cliente
- Estabelecer orientação estratégica
- Administrar conflitos

Competências técnicas:

- Práticas/processos de RH
- Influenciar as pessoas

Quando as competências não estiverem identificadas explicitamente, você precisa identificá-las por conta própria *antes* da entrevista. Os quatro passos principais para identificar as competências de uma empresa são:

1. Pense nas competências óbvias para o cargo.
2. Examine anúncios e postagens eletrônicas dos concorrentes.
3. Faça uma compilação de uma lista de competências de outras fontes, incluindo sites de empregos,

anúncios em jornais, revistas e periódicos, associações profissionais e o site da empresa.
4. Selecione de dez a 15 competências do Apêndice A fundamentais para o cargo em que você estiver interessado.

Se você já trabalha para uma organização, mas precisa ser entrevistado para uma promoção ou um novo cargo, pode conseguir descobrir a lista de competências relevantes:

- No site da empresa.
- Em avaliações de desempenho para funcionários atualmente no cargo.
- Em manuais de funcionários ou outros manuais da empresa.
- Perguntando a um colega ou amigo que trabalhe naquele departamento.

Uma das principais formas de se mostrar como um candidato consistente é fazer seu dever de casa. Tome a iniciativa — seja criativo, engenhoso e empreenda todos os esforços para descobrir o que a empresa mais valoriza. Mesmo que isso não tenha sido declarado explicitamente, você pode fazer uma estimativa razoável das competências fundamentais com base nas informações disponíveis.

Quando as competências não estão identificadas, procure mais.

Passo 1: Pense nas competências óbvias para o cargo

Em vendas, é fundamental focar nos resultados. Se não fechar a venda, não vai importar o quanto os gerentes gostam de você. Quando você não tiver visto a palavra "competências" como um título em uma postagem eletrônica ou anúncio de emprego on-line, leia mais. Você pode ver frases e palavras que indiquem competências-chave, departamentais e individuais sob títulos como "Qualificações exigidas", "Requisitos para a função" ou "Conhecimentos, capacidades e habilidades exigidas". "Atributos de liderança" foi incluído no anúncio da Boeing, e é outra forma de se referir às competências de liderança.

Passo 2: Examine postagens eletrônicas de empregos nos sites dos concorrentes

Verifique se algum dos concorrentes tem um cargo equivalente anunciado em sites de emprego na internet. Então, decida se as mesmas competências se enquadram no cargo em que você está interessado ou se elas precisam ser reelaboradas por qualquer razão. Por exemplo, seria razoável assumir que a cultura corporativa na Celestial Seasonings é suficientemente diferente da cultura na Unilever, de modo que as competências necessárias para obter êxito sejam também distintas mesmo para um cargo equivalente.

Passo 3: Faça uma lista completa e detalhada de competências para seu cargo

Há várias formas de desenvolver uma lista mais abrangente de competências para determinada posição. Por exemplo, se você estiver interessado em ser considerado para um cargo de gerente de projetos de TI (Tecnologia da Informação), em uma companhia que não tenha listado competências em seus anúncios, acesse:

- Um site de empregos conceituado e digite "competências gerente de projetos de TI". Examine vários dos anúncios para ver se as competências identificadas para essas posições correspondem ao que você sabe a respeito da posição na organização em particular para a qual você deseja trabalhar. (Lembre-se de que você não tem que limitar a pesquisa à sua área geográfica!)
- Sites dos concorrentes. Acesse a seção de "Carreiras" e examine as competências listadas em cada uma das posições de gerente de projetos de TI.
- Anúncios de emprego para posições semelhantes em jornais e publicações de associações para ver se eles listaram competências.
- O site de sua associação profissional. (Para gerência de projeto, você poderia acessar *www.pmi.org*, se vive nos Estados Unidos, *www.apm.org.uk*, na Grã-Bretanha, ou um site equivalente para seu país. Examine listagens de empregos para ver se a empresa identificou as competências para o cargo. Verifique também os recursos de pesquisa

da associação. Informações sobre as competências profissionais principais podem ser obtidas on-line ou ligando para um profissional do staff da empresa.
- O site da organização em si. Veja se você consegue encontrar informações sobre a cultura corporativa para ajudá-lo a identificar quais competências são mais prováveis de serem valorizadas. Informações sobre a missão, visão ou valores da organização normalmente estão disponíveis on-line ou em outras publicações da organização. Leia relatórios anuais — em particular os que focam nas cartas do presidente e do diretor-executivo (CEO). Veja se consegue descobrir o que a empresa valoriza ou em que áreas está enfrentando problemas ou dificuldades financeiras. Aprenda mais sobre a empresa por intermédio de outras fontes. Procure sinais que indiquem as competências de que a empresa precisa atualmente ou precisará no futuro para ser bem-sucedida. Preste particular atenção a qualquer coisa que indique a mudança de suas competências, porque isso pode indicar uma alteração na estratégia ou na liderança ou, mais simplesmente, um reconhecimento de que é tempo de atualizar a lista para torná-la mais relevante para os funcionários.

Johnson & Johnson

Perfil de liderança global

Desenvolver uma base diferenciada, cheia de líderes extraordinários.

- Integridade e ações com base no credo — vive os valores do credo; fortalece a confiança; diz a verdade; introduz transparências aos problemas; demonstra atenção genuína pelas pessoas.

- Raciocínio estratégico — motivado para antever um futuro melhor; assume qualquer papel ou função e os torna melhores; tem uma insatisfação obstinada com o *status quo*; motivado para melhorar as situações; um agente de mudança.

- Orientação para o todo com atenção para o detalhe — capaz de atuar em dois "mundos" simultaneamente, por exemplo, crescimento e controle de custos, empreendimento e sucesso operacional da companhia; vê a causa assim como o fato; é capaz de se aproximar para ver o detalhe assim como se afastar para perceber o todo conforme necessário.

- Organização & Desenvolvimento de Talentos — motiva e fortalece os demais para empreenderem uma ação desejada; aprecia desenvolver um grupo diversificado de pessoas; defende a diversidade; transmite confiança; atrai boas pessoas; demonstra um histórico de desenvolvimento de pessoas; faz surgir o melhor nas outras pessoas; grande exportador de talentos de sucesso; investe tempo para estar "conectado" pessoalmente com a organização.

- Curiosidade Intelectual — vê as possibilidades; disposto a experimentar; cultiva novas ideias; confortável diante de ambiguidade e incerteza.

- Colaboração e formação de equipe — coloca os interesses da empresa acima de seus próprios interesses; trabalha bem em todas as funções e grupos; forma equipes efetivamente; inspira seguidores; incute uma mentalidade global; defende as melhores práticas.

- Senso de urgência — percebe e reage de forma proativa aos problemas e oportunidades; trabalha para reduzir o tempo dos ciclos operacionais; age quando necessário.

- Assume riscos com prudência — confiança interior em assumir riscos e aprender pela experiência; coragem de agarrar as oportunidades ou descartar negócios não viáveis; disposto a tomar decisões difíceis.

- Autoconhecimento e adaptabilidade — resiliente; modesto e humilde; disposto a aprender com os demais; paciente, otimista, flexível e adaptável.

- Motivado por resultados e desempenho — assume a autoria e a responsabilidade pessoais pelos resultados e soluções dos negócios; produz resultados de forma consistente que atendem ou excedem as expectativas; faz do cliente a parte central de todo o raciocínio; mantém o foco em dinamizar o valor do cliente.

v2. 02/08/06
© Johnson & Johnson Services, Inc.

PONTO-CHAVE

O modelo usado neste livro é diferente dos modelos tradicionais de se preparar para uma entrevista. O modelo de entrevista com foco em competências, assim como o modelo de currículo com foco em competências, *sempre* contempla as necessidades do empregador em primeiro lugar. Apenas então, você é incentivado a pensar na forma como se enquadra naquilo que o empregador procura — as competências fundamentais que o empregador precisa —, para ser bem-sucedido agora e no futuro.

Analise anúncios on-line e tradicionais e postagens eletrônicas e foque em palavras que poderiam estar na lista de competências da organização que sejam gerais para toda a empresa ou para uma posição específica. Lembre-se de que a maioria das competências pode ser declarada de diversas maneiras.

Uma forma de ajudá-lo a pensar nisso é simplesmente fazer a pergunta: "Quais competências eu procuraria se fosse o gerente de recrutamento e seleção?"

Identifique as competências mais relevantes para um cargo específico, começando com competências-chave, departamentais/funcionais ou individuais que você já tenha identificado para sua área profissional ou ramo. A maioria das empresas normalmente identifica entre oito a 12 das competências fundamentais para a maioria dos cargos, de modo a tornar mais fácil para gerentes e funcionários localizar e avaliar a informação, embora esse número possa variar, dependendo da consultoria com que a empresa tenha trabalhado para desenvolver a lista. No final de 2011, tive a chance de realizar um treinamento de entrevista com foco em competências em uma empresa de engenharia baseada na Europa, assim como um programa do tipo "almoço e aprendizado" para um grupo de afinidade em uma refinaria pertencente a uma empresa petrolífera internacional importante. Percebi que os dois grupos tinham poucas competências principais cada, com uma lista mais detalhada de competências agrupadas abaixo delas. Isso era especialmente óbvio na companhia petrolífera, porque eu fizera várias apresentações lá antes de a primeira edição deste livro ser publicada, em 2006, e, assim, eu sabia como a lista deles havia mudado. Falei com dois consultores que confirmaram que eles também haviam observado essa tendência no sentido de se usar menos competências principais nos últimos anos.

Passei alguns minutos pensando sobre o nível de *expertise* necessário em cada competência para ser bem-sucedido no cargo, e que tipo de experiência você pode mencionar para provar que tem competência *no nível pertinente*. Os entrevistadores estarão avaliando quanta *expertise* você possui em cada uma das competências-chave da empresa. Por exemplo, você poderia ser uma pessoa com muita integridade, mas não muito boa na pesquisa de informação.

De acordo com Signe Spencer do Hay Group, as dez competências mais comuns em uso pelas empresas hoje em dia são:

1. Orientação para realização/resultados
2. Iniciativa

3. Impacto e influência
4. Orientação para o atendimento ao cliente
5. Compreensão interpessoal
6. Consciência organizacional
7. Raciocínio analítico
8. Raciocínio conceitual
9. Busca de informações
10. Integridade

Essas competências não estão listadas por ordem de classificação. Elas apenas são as dez mais comuns.

Quando as necessidades de uma organização mudam, as competências que ela mais valoriza também mudarão. Considere como as necessidades da Federal Emergency Management Agency eram radicalmente diferentes uma semana antes e uma semana depois de o furacão Katrina atingir a Louisiana e a Costa do Golfo do Mississipi no final de agosto de 2005. Lidar com uma crise importante, sem precedentes, pode fazer com que as necessidades e as exigências mudem quase que instantaneamente. A maioria de nós que assistiu à reação deles viu que os órgãos governamentais, em nível federal, estadual e local não responderam de forma satisfatória. Eles não foram bem-sucedidos na forma como lidaram com a crise porque não foram capazes ou não estavam dispostos a estabelecer uma nova ordem de prioridades para suas competências rápido o bastante. Da mesma forma, digamos que um diretor-executivo decida mudar a estratégia da empresa de ser o produtor ao custo mais baixo para ser o produtor da mais elevada qualidade.

As competências técnicas e de negócios necessárias e valorizadas pela companhia podem e devem mudar, para fazer com que a nova estratégia seja bem-sucedida. Ou digamos que uma consultoria ou escritório de advocacia obtenha um cliente novo importante que insista em um atendimento ao cliente melhor do que a empresa está acostumada a oferecer. De repente, todos devem aprender as informações mais atualizadas sobre atendimento ao cliente, e evidências de um serviço consistente de atendimento ao cliente poderão ajudar os funcionários a entrar em um processo rápido para que obtenham promoção ou sociedade.

Apesar de as organizações normalmente priorizarem suas competências de forma diferente, em épocas diferentes, a maioria ainda valoriza e usa a maioria das dez competências padrão listadas anteriormente. Quando olhamos para cada competência, entretanto, é importante lembrar que graus variáveis de conhecimento, capacidades e habilidades serão necessários para que o candidato obtenha êxito, dependendo do nível do cargo. Por exemplo, poderíamos esperar que um vice-presidente sênior de recursos humanos, em uma importante companhia, seja muito mais consistente em Consciência Organizacional (que é outra forma de dizer sagacidade política) do que um recém-formado que está apenas iniciando a carreira em recursos humanos.

As empresas normalmente identificam de três a quatro níveis de competências e usam termos diferentes para descrevê-los. Na Universidade Estadual da Pensilvânia, por exemplo, os níveis são básico, intermediário, proficiente, avançado e de maestria.[1] Gerentes de nível sênior podem ser classificados como avançados (ou o equivalente) em algumas competências, intermediário ou proficiente em outras e receber a classificação de maestria em apenas uma área, se receber. Algumas organizações escolhem reconhecer essas diferenças baseadas no nível, atribuindo pesos às competências de uma forma para um profissional de nível júnior e de outra forma para gerentes na mesma área funcional. O exemplo no quadro a seguir mostra a forma como uma competência — Planejamento e Organização — pode ter pesos atribuídos de forma diferente para um supervisor, um gerente pleno e um gerente sênior.

NÍVEIS DE COMPETÊNCIA: PLANEJAMENTO E ORGANIZAÇÃO

Definição de competência: a capacidade de visualizar uma sequência de ações necessárias para alcançar um objetivo e estimar os recursos necessários. Preferência por agir de uma maneira estruturada e minuciosa.

Contribuidores individuais para supervisores:

- Administram o próprio tempo e as atividades pessoais.
- Subdividem atividades complexas em tarefas administráveis.
- Identificam possíveis obstáculos para o empreendimento planejado.

Gerentes plenos:

- Produzem planos de contingência para possíveis ocorrências futuras.

- Estimam antecipadamente os recursos e as escalas de tempo necessários para atender os objetivos.
- Coordenam atividades de equipe para fazer o melhor uso das capacidades e especialidades individuais.

Gerentes seniores:

- Identificam implicações operacionais de longo prazo dos planos operacionais.
- Planejam efetivamente a utilização de todos os recursos.[2]

Por serem normalmente priorizadas de forma diferente de empresa para empresa e porque as funções e os departamentos das corporações podem ter diferentes necessidades, uma lista de competências mais completa está incluída no Apêndice A.

Passo 4: Selecione as competências fundamentais para o cargo

Leia atentamente todas as competências incluídas no Apêndice A. Marque as que sejam aplicáveis ou de peso maior para o cargo em que você está interessado. Então, volte e edite a lista para escolher as competências que você ache que o gerente de recrutamento e seleção escolheria. Identifique as dez a 20 mais importantes. A seguir, decida se haverá quaisquer competências funcionais/departamentais ou individuais que você creia que o gerente de recrutamento e seleção poderia incluir na lista. Por exemplo, se você estiver interessado em uma posição de vendas, há uma possibilidade de que, além de alcançar resultados, a administração territorial possa ser fundamental para o sucesso? Você acha que um gerente de engenharia contratando um engenheiro químico para uma fábrica poderia estar interessado no conhecimento de controle estatístico de processo?

Pelo fato de a maioria das empresas normalmente identificar entre oito e 12 competências para cada cargo, às vezes menos, minha sugestão é identificar de dez a 15 competências. Isso melhorará suas chances de incluir as que a empresa tenha selecionado. Examine a lista e pense na importância de cada uma para obter sucesso. Já que a maioria das empresas atribui pesos às competências com base na importância, vale a pena gastar algum tempo para considerar quais competências merecem maior ênfase. Embora reconhecendo que as organizações possam definir níveis diferentes de *expertise* para cada competência, acredito que a melhor forma de redigir um currículo com foco em competências ou de se preparar para uma entrevista com foco em competências seja (1) identificar as competências mais fundamentais para a posição e (2) pensar em como apresentar suas competências de tal modo que elas provem que você tem elevado nível de experiência em cada uma dessas áreas de competências-chave. Quando você tiver elaborado uma boa lista de competências para o cargo em particular que você deseja, continue melhorando-a, seja por meio de pesquisa ou perguntando à sua rede de contatos.

Excelente trabalho! Você completou a primeira parte decisiva de preparação para uma entrevista com foco em competências. Agora, estamos prontos para começar a trabalhar no próximo passo para ajudá-lo a ser bem-sucedido em uma entrevista com foco em competências.

PONTOS-CHAVE DO CAPÍTULO 2

O método com foco em competências sempre considera as necessidades do empregador em primeiro plano.

Quais são os primeiros passos para identificar as competências *certas* para ajudá-lo a se preparar para uma entrevista com foco em competências?

- Pense, primeiro, nas competências óbvias para a posição.
- Examine o anúncio, a postagem eletrônica ou a descrição de cargo da empresa.

Quais recursos podem ajudar os funcionários a identificar competências em sua empresa?

- O site da empresa.
- Avaliações de desempenho para o cargo.
- Manuais de funcionários e outros manuais internos da empresa.
- Colegas que trabalhem no departamento em questão ou na posição em si.

Se a organização não fornecer uma lista das competências pelas quais está procurando, como você começa a estabelecer sua própria lista de competências-chave? Onde você pode encontrar indicações sobre quais competências poderiam ser?

- Pense sobre quais competências seriam óbvias para o cargo.

- Examine anúncios e postagens eletrônicas para posições equivalentes nos concorrentes. Tente determinar se as competências que eles listam funcionarão para a posição em que você está interessado.
- Visite sites de empregos conceituados e examine ofertas equivalentes, procurando as listas de competências.
- Veja nos sites dos concorrentes.
- Leia integralmente o site de sua associação profissional minuciosamente.
- Veja anúncios de emprego em jornais, publicações de associações e outras fontes.
- Acesse o site da organização-alvo e leia na íntegra suas publicações para encontrar informações sobre sua cultura corporativa e valores.

Quais são algumas das competências clássicas usadas pelas organizações?

1. Orientação para realizações/resultados
2. Iniciativa
3. Impacto e influência
4. Orientação para o atendimento ao cliente
5. Compreensão interpessoal
6. Consciência organizacional
7. Raciocínio analítico
8. Raciocínio conceitual
9. Busca de informações
10. Integridade

Lembre-se: essas são as competências clássicas, de modo algum as únicas que podem ser desejadas pela organização-alvo. Cada empresa desenvolve sua própria lista de competências, e a lista pode diferir com base nos objetivos e na cultura geral da corporação.

Jamais atribua à má-fé aquilo que pode ser explicado adequadamente pela incompetência.

— Napoleão Bonaparte

3. Saiba o que os entrevistadores são treinados para procurar

Você tem que ser cauteloso se não souber para onde está indo, porque pode não chegar a lugar algum.

— Yogi Berra

Para acrescentar uma nova interpretação ao argumento de Yogi Berra, se você não souber o que esperar em sua pesquisa de emprego, é improvável que se saia bem na entrevista ou receba uma oferta. Este capítulo lhe fornecerá algumas ideias sobre o que os entrevistadores nas melhores companhias são treinados para procurar hoje em dia. Saber o que os entrevistadores desejam pode lhe proporcionar significativa vantagem, desde que você seja esperto o suficiente para usar a informação da forma correta. Sempre considere as necessidades da empresa em primeiro lugar; então, descubra se, e até que ponto, você corresponde a essas necessidades. Antes da entrevista, você precisa pensar em como fundamentar suas afirmações

— *com evidências* — de que é competente nas áreas em que a empresa precisa obter êxito.

Primeiro, trataremos de alguns dos fundamentos incluídos no treinamento do entrevistador. O que qualquer entrevistador procura em um candidato? Quais são os tipos de pergunta que as empresas *não* querem que os entrevistadores façam, porque elas poderiam levar a processos jurídicos ou acusações de discriminação? Depois, falaremos sobre como as entrevistas com foco em competências partem desses fundamentos para proporcionar aos entrevistadores maior estrutura e uma forma mais precisa de avaliar os candidatos. O objetivo de todo esse treinamento é ajudar o entrevistador a determinar se um candidato possui as características-chave — ou competências — necessárias para serem bem-sucedidos em um trabalho específico ou em uma empresa.

Aristóteles Onassis certa vez disse que "o segredo para o sucesso é saber algo que ninguém mais saiba". Futuramente, você pode escolher dividir com outras pessoas alguns desses segredos de como ser bem-sucedido no processo de entrevista, ou mesmo comprar para elas uma cópia deste livro. A decisão é sua, de qualquer forma — mas espero que o faça!

O QUE OS ENTREVISTADORES ESTÃO SEMPRE PROCURANDO?

A resposta é simples: o melhor candidato para o emprego. Isso não mudou. Espera-se que os entrevistadores sejam capazes de identificar candidatos consistentes, ofereça-lhes um cargo e então os persuada a aceitar a oferta. Pode ajudá-lo como candidato perceber que os entrevistadores apenas são lisonjeiros quando encontram alguém bom o suficiente para receber a oferta.

> Bons entrevistadores querem que você se saia bem na entrevista — todo o seu trabalho é contratar alguém capaz. Eles não ficam bem com seus superiores quando tudo o que fazem é eliminar candidatos.

Tradicionalmente, a maioria dos entrevistadores procura três coisas:

1. **Você é capaz de realizar o trabalho?** Você possui a experiência e a formação acadêmica certas para o trabalho? Muitos entrevistadores focam suas perguntas nesta área. Eles não percebem que a maioria dos funcionários que acabam por deixar a organização na verdade tem a formação correta, mas talvez não tenha a disciplina, a determinação, a capacidade de comunicação ou as capacidades interpessoais necessárias para ser bem-sucedido.
2. **Você realizará o trabalho?** Você pode se gabar de ter uma fabulosa formação acadêmica e da melhor experiência técnica, mas e se você for preguiçoso? Disciplina, trabalho árduo e determinação ainda contam um bocado para a maioria dos entrevistadores.
3. **O quanto você se harmoniza com as pessoas, o departamento, a organização e a cultura?** Esta é

a categoria que abrange suas capacidades sociais e seu estilo de comunicação. Você poderia ser um idiota que não consegue trabalhar bem com os outros funcionários. Você talvez pense que é mais esperto ou melhor do que todos os outros. Você pode simplesmente ter capacidades medíocres de comunicação que continuamente o colocam em confusão. Ou talvez sua personalidade seja apenas diferente das dos outros funcionários na empresa. Essas coisas importam para os gerentes, porque a maioria deles passa mais tempo do que gostaria lidando com conflitos entre funcionários. Os entrevistadores podem tomar a decisão se você será uma boa opção, consciente ou inconscientemente.

Em qualquer entrevista, o entrevistador estará tentando determinar se:

- Você possui bom desembaraço social.
- Você é articulado.
- Você usa boa gramática.
- Você se veste apropriadamente.
- Eles gostam de você.
- Você tem o mesmo senso de humor do restante do grupo.
- Você se conduz apropriadamente.
- Sua personalidade se harmonizará com as pessoas com quem trabalhará.

Mais informações sobre a importância da comunicação não verbal no processo de entrevista estão incluídas no Capítulo 6.

COMO OS ENTREVISTADORES SÃO TREINADOS PARA EVITAR PROBLEMAS LEGAIS?

A maioria das empresas bem-conduzidas treina seus gerentes, supervisores e recrutadores para evitar fazer perguntas ou se comportar de formas que possam causar problemas jurídicos para a organização. A maioria dos países, estados e cidades tem leis trabalhistas em vigor para proteger seus cidadãos e residentes contra discriminação. Quando as leis federais e estaduais conflitam, a maioria dos gerentes de recursos humanos incentivará suas organizações a cumprir a lei mais rígida.

Nos Estados Unidos, as leis federais (e também muitas leis estaduais) protegem contra discriminação com base em raça, sexo, idade, religião, incapacidade, status de veterano, cor e etnia/país de origem. Portanto, perguntas sobre seu estado civil, orientação sexual, afiliação religiosa, doenças ou ferimentos, de onde sua família é ou qualquer outro tipo de pergunta ilegal jamais devem ser feitas durante uma entrevista. (Para exemplos de perguntas ilegais, por favor, leia o Apêndice C.) Os entrevistadores nos Estados Unidos são treinados para focar a entrevista naquilo que é necessário para obter êxito no trabalho e para se afastar da vida pessoal do candidato. Bons programas de treinamento ensinam os entrevistadores a não fazer perguntas sobre essas áreas "protegidas", a não ser que exista uma razão ocupacional genuína para proceder dessa forma. Um exemplo de uma qualificação ocupacional legítima seria um entrevistador selecionando um novo ministro de ordem religiosa, padre, rabino, imã ou outro líder religioso, caso em que lhe seria permitido fazer perguntas sobre a religião do candidato ou seus pontos de vista religiosos. Os entrevistadores em prestadoras e subprestadoras de serviços ao governo são treinados para dar preferência a alguém que venha de uma dessas classes protegidas quando os candidatos estão igualmente qualificados. Na Europa e em muitas outras partes do mundo é mais provável que os entrevistadores façam perguntas sobre a vida pessoal de um candidato como forma de conhecê-lo.

Ainda há casos de candidatos nos Estados Unidos que contam histórias de perguntas ilegais ou inapropriadas nas entrevistas. Por que isso ainda ocorre? Os entrevistadores podem não ter sido treinados em EEO (iniciais em inglês para "Oportunidades iguais de emprego") e em técnicas de entrevista básicas ou de diversidade. Talvez achem que as leis não importam e que eles não têm que segui-las. Ou, então, possam ser simplesmente ingênuos.

Se alguma vez lhe fizerem uma pergunta ilegal ou inapropriada, coloque-a no contexto. Não tome isso de forma pessoal e não se aborreça. Pense em qual poderia ser a *verdadeira* razão ou necessidade por trás de tal pergunta, e veja se consegue reagir a essa necessidade subjacente em sua resposta. Sempre mostre respeito pelo entrevistador. Posso me lembrar, durante uma entrevista em um campus universitário, de ser perguntada por um vice-presidente de recursos humanos de uma companhia importante de serviços públicos no Centro-Oeste se eu pensava que alguma vez me casaria. Eu sabia que a pergunta era ilegal, mas a coloquei no contexto: ele acabara de me contar que sua filha estava em um programa de MBA semelhante. Achei que ele provavelmente se preocupava se sua filha algum dia se casaria. Então, pensei sobre a necessidade subjacente de negócio da qual a pergunta surgiu. Ele empenharia energia, esforços e recursos financeiros para me treinar, apenas para me ver deixar a empresa alguns anos depois. Eis a resposta que lhe dei: "Não sei se algum dia me casarei. Mas sei como trabalhei duro para ter uma boa formação acadêmica e meu MBA. Sei o quanto é importante, para mim, ter uma boa carreira, e sei que isso sempre será importante para mim." Embora eu não tenha ido trabalhar na empresa dele, de fato fui chamada de volta para uma segunda entrevista. Isto aconteceu há muito tempo, mas a lição ainda é relevante hoje.

Se você considerar as 99.974 acusações de discriminação que deram entrada em 2011[1] nos Estados Unidos, pode começar a entender por que mais empresas têm se voltado para entrevistas mais estruturadas. O número de acusações de discriminação em 2011 é mais que 25% maior do que em 2004, quando escrevi a primeira edição deste livro; então, é até mesmo provável que as empresas usem ainda mais as entrevistas estruturadas atualmente. Fornecer aos entrevistadores uma lista de perguntas já verificada pelo departamento de recursos humanos e jurídico pode reduzir significativamente a chance de que entrevistadores inescrupulosos façam perguntas ilegais que levem a acusações de discriminação ou processos judiciais. Um benefício significativo das entrevistas com foco em competências em particular é que elas reduzem a probabilidade de um entrevistador fazer uma pergunta ilegal ou inapropriada.

Evidentemente, a maioria dos funcionários diria que a maior vantagem delas é seu foco nas competências de que a empresa ou departamento precisa para alcançar o sucesso. Joe Gorczyca, um ex-diretor sênior de recursos humanos na HP, foi responsável pelos recursos humanos do setor de vendas mundiais da companhia e das organizações da cadeia global de fornecimento. Na HP, ele disse: "além de considerar as competências que melhoram o desempenho individual, nós tentamos focar em competências que reforçam a cultura corporativa." Se você pensar em todos os prováveis benefícios para uma empresa, fica fácil entender por que as entrevistas estruturadas com foco em competências se tornaram o padrão.

COMO OS ENTREVISTADORES SÃO TREINADOS DE FORMAS DIFERENTES PARA AS ENTREVISTAS COM FOCO EM COMPETÊNCIAS?

Além de abordar os fundamentos do processo de entrevista e EEO e temas de ação afirmativa, o treinamento em entrevista com foco em competências concentra-se nas competências-chave para um cargo em particular e nas competências-chave para a empresa. Esse treinamento também ajuda o entrevistador a saber exatamente o que ouvir e procurar, de modo a avaliar o candidato com mais precisão.

Uma das competências-chave mais importantes na Johnson & Johnson é **Integridade e ações com base no credo**. De acordo com Uneeda Brewer-Frazier, ex-diretor de gestão de educação e desenvolvimento na companhia, "por causa da forte cultura com base nos valores da Johnson & Johnson, trabalhamos duro para selecionar pessoas que tratem os demais funcionários e clientes com respeito, não usem atalhos que prejudiquem a qualidade e demonstrem integridade por meio de seu trabalho e ações. Isso é tão importante na Johnson & Johnson que impacta cada aspecto da forma como fazemos negócios e como tratamos as pessoas".

A Johnson & Johnson treina os entrevistadores em competências e lhes fornece um guia de entrevistas que inclui uma lista de perguntas comportamentais planejadas para cada competência. Os entrevistadores são incentivados a fazer perguntas complementares para sondar informações extras quando uma explicação não estiver completa ou quando a resposta for incomum ou não estiver clara.

Depois de passar pelas apresentações e esclarecer algumas coisas na formação do candidato, o entrevistador começa a parte principal da entrevista com uma pergunta com foco em competências. Além do exemplo incluído neste capítulo, você talvez queira rever o exemplo no Capítulo 1 sobre a competência **Motivado por resultados e desempenho**.

Integridade e ações com base nos valores da empresa

Vive e defende os valores da instituição; mostra comando sobre as pessoas e suas responsabilidades; forte integridade pessoal; cria e mantém um ambiente de confiança.

Exemplos-chave

- Transparente — Não hesita diante do que precisa ser dito. Divide informação de uma maneira sincera.

- Fidedigno — Conquista a confiança dos outros por meio de comportamentos éticos apropriados. Comporta-se de forma consistente em situações semelhantes.

- Fortalece a confiança — Trata as pessoas com dignidade e respeito. Usa como referência os valores do credo e responsabiliza os demais pelas ações que empreendem.

Perguntas comportamentais planejadas

1. Conte-me sobre uma ocasião no trabalho quando você considerou objetivamente as ideias dos outros, mesmo quando elas conflitavam com as suas.

2. Nem sempre trabalhamos com pessoas que são éticas ou honestas. Dê um exemplo de uma ocasião quando você viu outro funcionário ou subordinado direto fazer algo que considerou inapropriado. O que você fez? O que aconteceu?

3. Frequentemente, há pessoas em uma organização que merecem mais crédito do que recebem. Conte-me uma ocasião em que você esteve envolvido em uma situação como essa. Como lidou com a situação?

4. Normalmente, é fácil confundir a distinção entre informação confidencial e de conhecimento público. Você pode me dar um exemplo de uma vez em que tenha enfrentado esse dilema? O que você fez?

5. Descreva uma ocasião em que lhe foi pedido que fizesse algo no trabalho que você não achou que fosse apropriado. Como você reagiu?

Situação/Tarefa	Ação	Resultado

Comunicação: _____

Avaliação da competência
Motivado por resultados e desempenho: ☐

Adaptado de material fornecido pela Johnson & Johnson, usado com permissão.

Pede-se ao entrevistador no formulário da Johnson & Johnson que escreva sobre as respostas do candidato. Especificamente, é pedido ao entrevistador para examinar as três partes principais de qualquer resposta a uma pergunta comportamental: Situação/Tarefa, Ação e Resultado (STAR). Por serem essas três partes examinadas meticulosamente pela maioria dos entrevistadores das empresas que usam o processo de entrevista comportamental, é importante que se compreenda o que os entrevistadores precisam identificar.

1. **Situação/Tarefa:** Qual é a situação, tarefa ou problema básico que você está fornecendo para responder à pergunta comportamental? Esteja preparado para dar os detalhes. (Observação: algumas empresas utilizam a palavra "Problema" em vez de "Situação" ou "Tarefa".)
2. **Ação:** Que atitude você tomou para melhorar a situação? Que decisões você tomou para lidar com a tarefa ou resolver o problema?
3. **Resultado:** Qual foi o resultado da ação? Como ele beneficiou a organização ou seu departamento? O que você aprendeu que o ajudará a ter um desempenho ainda melhor no futuro? Houve quaisquer "lições aprendidas" importantes para você ou sua organização? Você produziu dinheiro para a organização? Você economizou tempo?

O Capítulo 4 entrará em mais detalhes quanto a responder de forma efetiva perguntas comportamentais usando essas três áreas. (A Johnson & Johnson chama isso de STAR. Muitos orientadores de carreira conhecem esse método sob o acrônimo PAR, ou Problema—Ação—Resultado. Outros se referem a ele como Situação—Ação—Resultado, mas não tenho conhecimento de que o chamem de SAR. Quando uma organização quer ver o resultado em primeiro lugar, esteja ciente de que STAR pode facilmente virar RATS.) Quanto mais você descobrir sobre o cargo alvo e o que é necessário para ser bem-sucedido nele antes da entrevista, é mais provável que você seja capaz de dar ao entrevistador respostas consistentes que o ajudarão a provar sua competência.

Em uma entrevista com foco em competências na Johnson & Johnson, pede-se ao entrevistador que examine as respostas do candidato em cada área de competência e classifique cada uma de acordo com a seguinte escala:

---

5 Muito mais do que aceitável (excede de forma significativa os critérios para um desempenho bem-sucedido do trabalho)
4 Mais do que aceitável (excede os critérios para um desempenho bem-sucedido do trabalho)
3 Aceitável (atende aos critérios para o desempenho bem-sucedido do trabalho)
2 Menos que aceitável (geralmente, não atende aos critérios para um desempenho bem-sucedido do trabalho)
1 Muito menos que aceitável (significativamente abaixo dos critérios para o desempenho bem-sucedido do trabalho)

Também se pede aos entrevistadores da J&J para avaliar a capacidade de comunicação, como mostrado aqui:

Comunicação — Transmite informações e ideias claramente por intermédio de uma variedade de meios para indivíduos ou grupos, de modo que envolva a audiência e a ajude a entender e reter a mensagem.

Ações-chave

+	0	−	
☐	☐	☐	Organiza a comunicação
☐	☐	☐	Mantém a atenção da audiência
☐	☐	☐	Ajusta-se à audiência
☐	☐	☐	Garante a compreensão
☐	☐	☐	Segue as convenções estabelecidas
☐	☐	☐	Compreende a comunicação dos demais

Classificação da comunicação: ☐

PONTOS-CHAVE DO CAPÍTULO 3

Se você souber o que o entrevistador procura, terá vantagem sobre seus concorrentes.

Por que é importante saber o que o entrevistador procura antes de você ser entrevistado?

Isso pode lhe proporcionar uma vantagem significativa sobre os outros candidatos. Tente identificar as necessidades do empregador, primeiramente; depois, comece a pensar sobre como você pode comprovar para o empregador que tem experiência e capacidades nessas áreas de competências fundamentais.

O que os entrevistadores sempre procuram?

O melhor candidato para o cargo.

Quais três pontos principais cobrem o que os entrevistadores procuram?

- Você é capaz de realizar o trabalho?
- Você realizará o trabalho?
- O quanto você se harmoniza com as pessoas, o departamento, a organização e a cultura deles.

Quais são as classes protegidas pelas leis trabalhistas nos Estados Unidos?

- Raça.
- Sexo.
- Idade.
- Religião.
- Incapacidade.
- Status de veterano.
- Cor.
- Etnia/país de origem.

Qual é a melhor forma de lidar com uma pergunta ilegal?

- Coloque a pergunta no contexto.
- Não leve para o lado pessoal e não se aborreça.
- Identifique a necessidade subjacente do negócio e reaja a essa necessidade em sua resposta.

Por que mais organizações se voltaram para as entrevistas estruturadas com foco em competências?

Porque elas:

1. Reduzem a chance de um entrevistador fazer perguntas ilegais durante a entrevista.

2. Ajudam os entrevistadores a se concentrar em selecionar candidatos com foco em competências de que a organização precisa para ser bem-sucedida.
3. Ajudam as organizações a reforçar e fortalecer sua cultura corporativa.

O que está incluído no treinamento de entrevista com foco em competências?

- Fundamentos do processo de entrevista.
- EEO, ação afirmativa, perguntas legais e ilegais.
- Competências-chave para o cargo.
- Comunicação verbal e não verbal.
- Avaliar os candidatos por suas competências (incluindo capacidades de comunicação).

Quais são as três partes principais de uma resposta a uma questão comportamental que um bom entrevistador procurará?

1. Situação/Tarefa/Problema
2. Ação
3. Resultado

Quais são os acrônimos usados pelos entrevistadores para descrever essas três partes?

- PAR — Problema — Ação — Resultado.
- STAR — Situação/Tarefa — Ação — Resultado.

4. Conte com perguntas comportamentais com foco em competências

Os planos são apenas boas intenções, a não ser que se revertam imediatamente em trabalho duro.

— Peter Drucker

Pedindo um pouco de licença à citação de Peter Drucker, como candidato, você precisa planejar trabalhar duro, se quiser se sair bem em uma entrevista com foco em competências. Aprender a dar conta de perguntas em série neste tipo de entrevista não é fácil. Mesmo se você souber que é um bom comunicador, pode ficar ainda melhor se antecipar o que vai acontecer na entrevista e, acima de tudo, *praticar*. A preparação diligente é fundamental. Os atores ensaiam suas falas e movimentos por semanas, às vezes, por meses, antes da noite de estreia ou das gravações de um filme começarem. Estudantes de medicina e médicos praticam técnicas cirúrgicas em cadáveres. Antes de uma cirurgia particularmente difícil, usando uma nova técnica, os cirurgiões passam horas estabelecendo estratégias e planejando. Os melhores promotores públicos trabalham com júris simulados e até mesmo fazem simulações antes de um julgamento de importância para ajudá-los a antecipar as considerações e questões do júri verdadeiro. Os melhores técnicos e jogadores passam horas treinando, tanto física quanto mentalmente; eles identificam os pontos fortes e fracos do outro time, reveem cenas de seus jogos e, então, ajustam seu próprio jogo para melhorar suas chances de vencer.

Assim como os melhores atores, médicos, advogados, técnicos e jogadores fazem, os melhores entrevistados planejam suas entrevistas e se preparam para elas. Se eles quiserem trabalhar com as empresas e corporações mais sofisticadas, sabem que precisam antecipar perguntas comportamentais com foco em competências. Mesmo se já trabalharem para uma organização desse tipo, eles devem se preparar para a entrevista, pensando nas competências necessárias para o novo cargo, seja uma promoção ou uma transferência. Os melhores entrevistados estão preparados para perguntas comportamentais com foco em competências que têm como alvo aquelas necessárias para serem bem-sucedidos. Eles focam nas competências mais importantes que o empregador procura e, então, começam a pensar na forma como podem comprovar serem consistentes em cada uma dessas áreas de competência.

O QUE SÃO PERGUNTAS COMPORTAMENTAIS COM FOCO EM COMPETÊNCIAS?

Perguntas comportamentais com foco em competências são perguntas que pedem exemplos de seu comportamento e experiência anteriores para ajudar o entrevistador a avaliar o quanto você é consistente em áreas de competências-chave. Lembre-se de que a teoria por trás das perguntas comportamentais é que o comportamento passado é o melhor indicador do comportamento futuro. Se o entrevistador quiser prognosticar se você vai obter êxito ou não em algo no futuro, ele precisa descobrir o quanto você foi bem-sucedido no passado. Essencialmente, as competências fornecem ao entrevistador um alvo para perguntas de entrevistas comportamentais. Como entrevistado, você precisa estar focado no mesmo alvo: competências. Se você trabalhar este processo da forma correta, as competências em que focou são as mesmas que o entrevistador está visando.

Como você pode responder da melhor forma a perguntas comportamentais?

Lembre-se de que existem três componentes em qualquer boa resposta a uma pergunta comportamental:

1. Situação, tarefa ou problema.
2. Ação.
3. Resultado.

Bons entrevistadores são treinados para tentar prestar atenção nesses três itens. Na Johnson & Johnson, por exemplo, pede-se aos entrevistadores que anotem as respostas do candidato no formulário de avaliação de acordo com essas três áreas. (Ver páginas 32-33 e 67-69 para exemplos dos formulários de avaliação da companhia para duas competências de liderança.)

A melhor forma de ordenar essas três partes depende de que parte da resposta é a mais importante para o entrevistador. Se você está sendo entrevistado por alguém muito orientado por resultados, por exemplo, então comece com o resultado. Se a coisa mais vital para o entrevistador for a compreensão do processo, comece com a situação ou a ação. Você precisará gastar algum tempo pensando em qual resultado ou resultados vão expressar seu ponto de vista mais efetivamente para o entrevistador e os tomadores de decisão. Como em qualquer boa venda, você precisa pensar nos desejos e nas necessidades do cliente (leia-se da empresa) em primeiro lugar e então lembrar-se de falar sobre o que é mais importante para o entrevistador.

Qual a melhor forma de se preparar para perguntas de entrevista com foco em competências?

Leve o tempo necessário para ser estratégico. Examine esta lista:

1. Analise as competências-chave que você identificou no cargo para o qual planeja ser entrevistado.
2. Pense em suas maiores realizações que comprovem sua competência em cada área de competência-chave. Lembre-se de incluir pelo menos algumas realizações que ainda não estejam em seu currículo.
3. Escolha exemplos que mostrem o mais elevado nível de competência possível — a não ser, é claro, que você esteja interessado em ser entrevistado para uma posição para a qual você tenha qualificações acima das exigidas.

4. Pense em como você pode explicar o empreendimento para o entrevistador de uma forma conversacional.
5. Seja razoavelmente conciso, mas também completo em suas respostas.
6. Lembre-se de ser positivo e certifique-se de que sua comunicação não verbal dê sustentação ao que você está dizendo. Não passe ao entrevistador mensagens contraditórias. (Para mais sobre comunicação não verbal, ver Capítulo 6.)

COMO ISSO FUNCIONA?

Eis alguns exemplos para lhe mostrar como começar a comprovar sua própria competência. Escolhi exemplos de níveis profissionais diferentes, desde iniciantes até diretores executivos. Na maioria dos casos, os exemplos sobre os quais os candidatos escolhem falar também mostram que eles são consistentes em mais de uma área de competência. Veja se algum deles descreve algo que você tenha realizado. Preste atenção à forma como o candidato dá a resposta, escolhendo os pontos-chave mais importantes para contar a história. Observe que:

- Esses exemplos usam linguagem conversacional.
- Os candidatos mantêm-se focados, sem escapar pela tangente.

Vamos ver primeiro a competência **Iniciativa**. Outras competências, com exemplos específicos, estão incluídas no Capítulo 5.

INICIATIVA

Diretor executivo financeiro: empresa da área de saúde, entrevista com grande sistema hospitalar

> **Pergunta:** Dê-me um exemplo de uma ocasião em que você foi capaz de tomar a iniciativa para mudar a política ou prática financeira de sua empresa.

SITUAÇÃO/PROBLEMA:
Quando me tornei diretor executivo de investimentos, os gerentes seniores e os diretores estavam acostumados a assumir muito pouco risco com a carteira de investimentos. O problema, na época, era que, planejando de forma conservadora, os retornos eram mais baixos do que eu achava que deveriam ser.

AÇÃO:
Passei seis meses inteirando os principais gerentes seniores e membros da diretoria dos prováveis benefícios de se tomar pelo menos 15% da carteira e usar os fundos de derivativos e outras estratégias de investimento não tradicionais. Reuni-me com eles um a um e apresentei minhas recomendações na reunião de diretoria do final do ano.

RESULTADO:
Com o apoio do diretor executivo financeiro e do CEO (presidente executivo), persuadi a diretoria a mudar a política de investimento da companhia para permitir que até 25% da carteira de investimentos fossem investidos em fundos de derivativos e investimentos mais incomuns.

*

Que competências estão demonstradas nessas respostas? Além de apresentar iniciativa, o candidato claramente mostrou que teve um desempenho de alto nível nestas competências principais:

- Orientação para resultados.
- Consciência organizacional/sagacidade política.
- Impacto e influência.
- Capacidade analítica.
- Capacidade de relacionamento interpessoal.
- Capacidades conceituais/Agilidade estratégica.

Assistente administrativo, entrevista para uma posição de secretário executivo

> **Pergunta:** Você já vislumbrou uma oportunidade de fazer algo em seu cargo que realmente ajudaria seu departamento a funcionar de forma mais eficaz? Conte-me a respeito.

SITUAÇÃO/PROBLEMA:
Quando comecei a trabalhar no departamento de vendas, a maioria dos representantes de vendas fazia seus próprios registros, e cada um dos oito gerentes territoriais monitorava a informação em sua própria planilha. Os gerentes forneciam os dados para mim todas as semanas, e eu era responsável por consolidar os registros em uma única planilha. Pude perceber que meu gerente teria acesso à informação mais completa e atualizada se padronizássemos a planilha por todo o departamento e a conectássemos diretamente às informações que os representantes de vendas colocavam no sistema.

Ação:
Falei com meu gerente sobre por que nosso departamento deveria atualizar a forma como coletávamos as informações de vendas. Sugeri como fazer isso e me ofereci para ajudá-lo a atualizar o sistema.

Resultado:
Trabalhei com dois dos gerentes territoriais para projetar um sistema que funcionaria usando Excel e Access e fiz com que o novo sistema estivesse em funcionamento em um mês. Eles agora têm informação em tempo real sobre o status de qualquer projeto de vendas, o que ajuda os gerentes a tomar melhores decisões.

*

Outras competências mostradas na resposta do candidato incluem:

- Orientação para realizações/resultados.
- Capacidade de influenciar.
- Busca de informações.
- Capacidade de relacionamento interpessoal.
- Capacidade analítica.
- Organização.

Concluinte de curso universitário: engenharia da informação, entrevistado para o primeiro emprego depois da graduação

Como concluinte de curso universitário em engenharia da informação, Brian se concentrou em manter alto coeficiente de rendimento na Universidade de Maryland, mas tinha pouca experiência real de trabalho quando o encontrei pela primeira vez. Ele finalmente percebeu que deveria ter tentado obter mais experiência de trabalho quando estava na faculdade e que sua carência de experiência profissional o colocava em uma posição menos competitiva no mercado de trabalho. Uma das melhores coisas sobre currículos com foco em competências é que os candidatos podem escolher exemplos de suas competências do trabalho, faculdade ou atividades voluntárias. Todas as experiências relevantes se aplicam.

Pergunta: Fale-me de uma ocasião em que você demonstrou iniciativa na faculdade.

Ação/Resultado:
Trabalhei como membro-chave da equipe que venceu o melhor projeto de graduandos no programa especial (*honors program* — programa para alunos que se destacaram) de engenharia da informação neste último ano. Na semana seguinte, o chefe do departamento, que estava dando aula para a turma, me pediu que revisasse seu artigo baseado em nosso projeto antes que ele o submetesse ao melhor periódico técnico da área.

Situação/Problema:
Em minha turma do programa especial, nosso professor nos pediu que trabalhássemos em equipes de quatro para decidirmos sobre um projeto usando as técnicas de engenharia da informação que havíamos aprendido no programa. Nosso grupo decidiu construir um dispersador robótico de fertilizante, e eu tomei a iniciativa de liderar o trabalho da engenharia da informação no projeto do sistema hidráulico.

*

Outras competências mostradas na resposta do candidato incluem:

- Produz resultados
- Capacidade analítica.
- Coleta de informações.
- Capacidade de relacionamento interpessoal.

DICAS DE COMUNICAÇÃO PARA RESPOSTAS MAIS CONSISTENTES

Depois de rever as diferentes formas como esses candidatos mostraram iniciativa, você está começando a pensar nas vezes em que comprovou que é capaz de demonstrar iniciativa? Tudo se resume a preparar-se, praticar e fortalecer as competências de que você precisa para obter êxito em sua próxima entrevista. Antes de irmos para o próximo capítulo, eis mais algumas dicas para tornar suas respostas ainda melhores:

1. Certifique-se de responder à pergunta que está sendo feita. Não assuma ter entendido a pergunta antes que o entrevistador tenha terminado de falar. Ouça.
2. Seja esperto com a linguagem que escolher. Quando possível, lembre-se de incluir a terminologia usada por seus colegas profissionais. Faça alguma pesquisa sobre palavras ou jargões específicos usados pelo empregador e lembre-se de incluir essas palavras em suas respostas. Considere usar linguagem com foco em compe-

tências em sua resposta. Saiba sinônimos para cada competência-chave.
3. Conte com perguntas complementares para informação adicional. Faça seu dever de casa e reveja os detalhes de qualquer projeto ou incumbência que você planeje usar como exemplo para oferecer evidências de que você é competente em uma área-chave. Seja capaz de citar informações de finanças, estatística e/ou quadro efetivo de colaboradores (*headcount*, em inglês), se forem relevantes.
4. Quando você trouxer à tona um assunto, qualquer pergunta complementar é razoável. Então, seja cuidadoso e escolha exemplos sobre os quais você esteja disposto a conversar em detalhes.
5. Use linguagem positiva quando responder a qualquer pergunta. Isso merece ser repetido porque é muito importante. Os entrevistadores não querem oferecer um emprego a alguém que pareça negativo ou que não assuma responsabilidade por suas ações. Não seja visto como última: mesmo que algo tenha acontecido *com* você, demonstre que aprendeu com a experiência.
6. Priorize as partes de sua resposta e foque naquilo que é mais importante para o entrevistador. Esta é simplesmente a melhor forma de garantir que ele preste atenção à parte mais convincente de sua resposta e se lembre dela posteriormente. No Capítulo 5 você verá alguns exemplos que mostrarão como priorizar tão efetivamente quanto possível os argumentos.

Agora, você está pronto para ver mais alguns exemplos de perguntas comportamentais com foco em competências e aprender outras dicas que vão ajudá-lo a responder as perguntas de forma mais efetiva. No próximo capítulo, você aprenderá como escolher bons exemplos para demonstrar sua competência em áreas de competências fundamentais. É necessário mais do que iniciativa para ser bem-sucedido! Mas continue a usar sua iniciativa para aprender o restante do que você precisa para brilhar na próxima entrevista. Em outras palavras, apenas continue a ler.

PONTOS-CHAVE DO CAPÍTULO 4

As competências fornecem ao entrevistador um alvo para perguntas de entrevistas comportamentais. Como entrevistado, você precisa focar no mesmo alvo: competências.

Quem se prepara para entrevistas?

Os melhores entrevistados.
 Candidatos que provavelmente vão ganhar a vaga.

O que são perguntas comportamentais com foco em competências?

Perguntas que peçam exemplos de seu comportamento e experiência passados para ajudar os entrevistadores a avaliar o quanto você é consistente em áreas de competências-chave.

Quais são os três componentes de qualquer boa resposta a uma pergunta de entrevista com foco em competências?

- Situação/Tarefa/Problema.
- Ação.
- Resultado.

Em que ordem você deve discutir esses três componentes?

Depende de que parte da resposta seja mais importante para o entrevistador. O que é fundamental para ele deve ter prioridade sobre o que é mais importante para você.

Qual a melhor forma de se preparar para uma pergunta de entrevista com foco em competências?

1. Identifique as competências cruciais para a posição.
2. Pense em suas realizações mais consistentes em cada área de competência-chave.
3. Considere como explicar a realização para o entrevistador, usando um tom de conversação informal. Seja conciso e completo em sua resposta. Não se esqueça de abordar os três componentes.
4. Seja positivo e lembre-se de que sua comunicação não verbal dá sustentação ao que você está dizendo.

O que mais você deveria considerar quando responder a uma pergunta de entrevista com foco em competências?

- Ouça com atenção e responda à pergunta que é feita.

- Seja esperto na linguagem que usar. Lembre-se de usar linguagem ou jargão profissional e inclua termos que mostrem que você está confortável e familiarizado com a terminologia usada na empresa. Use linguagem com foco em competências.
- Esteja preparado para responder a perguntas complementares que sondem sua resposta inicial em busca de detalhes ou informações com foco em competências.
- Escolha exemplos sobre os quais você esteja disposto a conversar mais detalhadamente.
- Use linguagem positiva.
- Priorize as partes de uma resposta: sempre coloque seus argumentos mais fundamentais em destaque.

5. Comprove as competências com exemplos

Agora que você já leu o capítulo anterior, está preparado para entrevistas com foco em competências quando for candidato aos melhores lugares para trabalhar — as empresas mais sofisticadas, órgãos governamentais e organizações sem fins lucrativos. Você começou a descobrir como dar boas respostas a esse tipo de pergunta difícil e mais focada. Agora, precisamos consolidar esse conhecimento. A maioria de nós precisa aprender o alfabeto antes de aprender a ler. Vamos para a escola estudar antes de começarmos a trabalhar. Grande parte de nós namora alguém antes de se casar. Quando queremos começar um novo programa de exercícios, começamos devagar e gradualmente intensificamos nossa força e resistência, ao longo do tempo. (Claro que sempre há exceções a essas regras. Sempre me lembrarei de um dos meus gerentes de RH favoritos entrando no escritório e me contando que havia corrido 5 quilômetros em sua primeira corrida. Ele me disse que não conseguia entender por que estava tão dolorido, ou por que eu disse "Você fez *o quê?*" e comecei a rir.)

Neste capítulo, você aprenderá como evitar possíveis problemas quando elaborar respostas a perguntas que visem certas competências. É sempre bom saber o que se procura antes de planejar voar sobre o Triângulo das Bermudas! Você também vai aprender algumas ideias sobre como pode ser ainda mais sagaz para escolher as melhores respostas a perguntas comportamentais com foco em competências. Como você pode identificar exemplos mais consistentes? Como você pode aprender a priorizar o que dizer de modo que o entrevistador ouça e compreenda a ideia mais importante?

VAMOS NOS PREPARAR

Primeiro, reveja as competências fundamentais. Certifique-se de entender o que é necessário para ser bem-sucedido em sua área profissional e no cargo em que está interessado. Depois, identifique seus melhores exemplos para fornecer evidências de que você é consistente em cada competência-chave. Se estiver tendo problemas para encontrar bons exemplos, simplesmente peça ajuda. Seus mentores, colegas, gerentes, familiares e amigos podem se lembrar de alguma realização sua que demonstre o quanto você é competente. Apenas pergunte a pessoas que você saiba que terão coisas boas a dizer sobre você. Observação: algumas pessoas parecem ter dificuldades em falar sobre seus pontos fortes; elas veem isso como arrogância. Para ser efetivo em uma entrevista, você precisa superar o sentimento de que não é bom falar sobre suas realizações. Não é apenas bom — é essencial.

A modéstia jamais é uma virtude em uma entrevista.

Vamos começar vendo alguns exemplos que candidatos verdadeiros usaram para responder a perguntas de entrevistas com foco em competências que visam **Ética e Integridade** e **Atendimento ao cliente** — duas das mais usadas e valorizadas atualmente, de acordo com Signe Spencer do Hay Group. Respostas ponderadas e completas a perguntas específicas com foco em competências, visando essas duas competências, podem fazer uma diferença definitiva na forma como os entrevistadores vão analisá-lo.

ÉTICA E INTEGRIDADE

Digamos que você esteja interessado em ser entrevistado para um cargo em uma empresa ou corporação que você sabe que valoriza credibilidade, ética e integridade. Naturalmente, você precisaria primeiro pensar em exemplos que comprovem que você é extremamente ético, honesto e íntegro. Aquilo sobre o que você escolher falar importa — especialmente quando estiver conversando sobre integridade e honestidade. Entretanto, as pessoas parecem ter definições diferentes dessas palavras. Mesmo filósofos têm lutado para responder a esta pergunta: "O que é honestidade?" Para ilustrar esse ponto, escolhi uma pessoa que conheço muito bem e que se considera muito honesta. Quantas vezes ela disse a outras pessoas como estão com boa aparência quando as vê — quando, de fato, ela não acha que pareçam bem? Na opinião dela, essas mentirinhas não são desonestas, desde que ela alcance o propósito de fazer a outra pessoa se sentir melhor.

Em quase todos os casos, você precisará acertar o equilíbrio entre mostrar que é honesto e confiável sem parecer crítico ou convicto demais. A maioria dos entrevistadores reagirá bem aos candidatos que forem capazes de explicar sem rodeios qual lição aprendida os ajudará a tomar melhores decisões no futuro. A convicção de estar sempre certo é normalmente percebida pelo entrevistador como um ponto definitivamente negativo, embora isso possa depender da personalidade do entrevistador, da posição e da cultura geral da empresa. Novamente, faça seu dever de casa!

Profissional de Recursos Humanos: entrevista para cargo em RH em uma das maiores companhias químicas dos Estados Unidos

> **Pergunta:** Descreva uma ocasião em que lhe foi pedido fazer algo no trabalho que você não achou que fosse apropriado. Como você reagiu?

Situação:
Eu estava trabalhando na finalização de uma planilha que mostrava o quadro de efetivos para as 15 unidades dentro da divisão. Foi mais difícil do que de costume, porque a empresa passaria por uma reestruturação e as datas para transferências e rescisões mudavam diariamente. Quando expliquei a situação, meu gerente me disse: "Invente números, se você tiver que fazê-lo."

Ação:
Perguntei se ele poderia esperar 45 minutos — achei que eu seria capaz de confirmar os números reais até lá. Ele concordou em esperar.

Resultado:
Forneci a ele uma planilha contendo informações precisas dos quadros efetivos de funcionários 30 minutos depois. (Observação: Use um exemplo que mostre que você ultrapassou o prazo, se possível.)

*

Concluinte de curso universitário de enfermagem: entrevista para enfermeiro obstetra e neonatal em um grande hospital-escola

> **Pergunta:** Descreva uma situação em que achou que algo que lhe fora pedido fosse errado, antiético ou inapropriado. Como você reagiu?

Situação:
Quando trabalhei como enfermeira estudante no University Medical Center, disse a uma das enfermeiras do turno da noite que precisávamos que um médico assinasse a ordem para continuar as contenções de um paciente com crise de abstinência de álcool. Ela me disse que a ordem não era necessária.

Ação:
Telefonei para meu professor para pedir orientação, porque eu não estava confortável ignorando a política do hospital. Então, decidi ir em frente e liguei para o médico, a fim de obter a assinatura antes que a ordem expirasse.

Resultado:
Fui capaz de assegurar que seguíssemos a política do hospital — isso simplesmente fazia sentido para mim.

*

Advogado com experiência: entrevista para uma indicação no sistema judiciário do Exército norte-americano

> **Pergunta:** Fale-me de uma ocasião em que você teve que fazer algo com que necessariamente não concordava.

Situação:
Trabalhei defendendo uma médica praticante de medicina interna que havia sido acusada de erro médico por um paciente devido a sua falha em diagnosticar lúpus nos estágios iniciais da doença. O paciente era muito amigável, mas eu sabia que era meu trabalho representar a médica.

Ação:
Apesar de sentir alguma solidariedade pelo querelante, mantive-me focado no caso e representei meu cliente, a médica, da melhor forma que pude.

RESULTADO:
O caso foi a juízo. Minha cliente me disse que estava muito feliz com meu trabalho e achou que eu havia feito um excelente trabalho ao representá-la.

ATENDIMENTO AO CLIENTE

Quando se pensa nesta competência, muitos pensam primeiramente em profissionais de atendimento ao cliente. Nem sempre percebemos que quase todos nós temos clientes, sejam eles os clientes internos de nossa empresa ou os clientes externos, que a mantêm no mercado. Os clientes compram nossos produtos, usam nossos serviços e basicamente tornam nossa empresa bem-sucedida. Nossos clientes internos, incluindo as pessoas a quem respondemos e os departamentos a que damos respaldo, também podem ter um efeito diferente sobre nossas carreiras. Claramente, esta é uma competência importante para a maioria dos cargos.

Auditor: entrevista em grande empresa norte-americana

> **Pergunta:** Descreva uma ocasião em que você trabalhava em uma auditoria e teve que enfrentar resistência das pessoas no departamento ou na empresa que estava auditando.

SITUAÇÃO:
Fui designado para trabalhar em uma auditoria financeira de 12 locais de varejo em Los Angeles para uma das maiores cadeias varejistas de utilidades domésticas. Em um dos

locais, quando pedi certos registros de inventário, os funcionários me disseram que eles não estavam disponíveis. Outras informações também "não estavam disponíveis".

Ação:
Falei primeiramente com o gerente de loja e lhe contei sobre a falta de apoio da parte dos funcionários. Ele sugeriu que eu falasse com os funcionários na reunião da loja no início do turno seguinte. Expliquei que meu trabalho era conduzir a auditoria e que apreciaria a ajuda deles. Perguntei se tinham quaisquer perguntas sobre como o processo de auditoria funcionava e respondi a algumas de suas questões.

Resultado:
Consegui completar a auditoria e desenvolver um bom relacionamento com os gerentes e supervisores dessa loja.

*

Diretor de captação de recursos: entrevista para vice-presidente de arrecadação de recursos na sede de uma organização nacional

> **Pergunta:** Conte-me de uma ocasião em que você persuadiu um doador a contribuir para a organização, muito embora a primeira resposta tivesse sido não.

Resultado:
Acabamos de descobrir, duas semanas atrás, que uma das maiores fundações na cidade vai doar US$500 mil para a campanha de capitalização para uma empresa sem fins lucrativos.

SITUAÇÃO:
Como arrecadador de fundos, aprendi a jamais levar um não como resposta até que o tenhamos ouvido por pelo menos cinco vezes. Então, estou acostumado que a primeira resposta seja negativa. No ano passado, a fundação nos disse não pela segunda vez.

AÇÃO:
Falei com uma das mulheres que eu sabia que liderava uma campanha importante de arrecadação de fundos para organizações sem fins lucrativos e pedi sua orientação. Ela é muito poderosa, conduz um importante escritório de advocacia e conhece a maioria das pessoas de prestígio da cidade. Ela me disse para telefonar para um dos elementos-chave do quadro de diretores da fundação e usar seu nome. Fui almoçar com o membro da diretoria três vezes nos seis meses seguintes, pedi orientação e apresentei argumentos para a doação para uma empresa sem fins lucrativos.

*

Garçonete/ensino médio completo: entrevista para cargo de gerente de loja em um estabelecimento de uma cadeia de restaurantes.

> **Pergunta:** Conte-me de uma ocasião em que você usou suas melhores habilidades de atendimento ao cliente.

SITUAÇÃO:
Um dia em dezembro passado estávamos abrindo o restaurante para o almoço e na parte de trás do estabelecimento

fazia muito frio. Um dos clientes pediu para falar com o gerente da loja para perguntar por que estavam acomodando as pessoas em um ambiente tão frio. Relatei o problema ao gerente da loja, e ele foi falar com a cliente. Olhei para ela enquanto conversava com o gerente e pude ver que não estava satisfeita.

Ação:
Depois que o gerente saiu, conversei com a cliente e perguntei se havia algo que eu pudesse fazer. Ofereci-lhe uma bebida quente e uma sopa e não cobrei por isso.

Resultado:
A cliente falou com nosso vice-presidente regional em Dallas e explicou o que acontecera. Um gerente do restaurante mostrou-me a carta que ela escreveu falando sobre o excelente trabalho que eu fizera lidando com uma situação difícil.

FOQUE NAS ORGANIZAÇÕES QUE CORRESPONDAM A SEUS VALORES

Imagine o quanto seria útil saber algo sobre o que o empregador valoriza antes de abordar seus próprios valores éticos na entrevista. Os entrevistadores vão avaliar se suas definições de integridade e ética se enquadram na cultura deles, então, lembre-se de fazer o dever de casa e descubra o quanto os valores da empresa correspondem aos seus próprios. Comece prestando atenção a informações públicas sobre a empresa e ao que as pessoas dizem sobre ela. A cada ano, grandes corporações são classificadas com base na reputação corporativa. Em Houston, onde vivo, as pessoas que conversavam com seus contatos profissionais ouviram perguntas e rumores sobre a reputação da Enron vários anos antes de o escândalo estourar e se tornar notícia internacional. Lembre-se também de ouvir e conversar.

DANDO BOAS RESPOSTAS A PERGUNTAS DE ENTREVISTA COM FOCO EM COMPETÊNCIAS

Agora que você leu integralmente as respostas que candidatos de qualidade deram a perguntas com foco em competências que visavam **Atendimento ao cliente**, **Ética e Integridade** e **Iniciativa**, está começando a se sentir um pouco mais confortável com o processo? O que essas respostas tinham em comum? Como se pôde ver:

- Elas são consistentes para explicar a situação, ação e resultado com detalhes, de modo que o entrevistador seja capaz de seguir a história, mas não com tantas informações a ponto de perder os pontos principais.
- Elas se concentram nos pontos mais importantes que o entrevistado considera como os fundamentais para o entrevistador. Em alguns casos, você fará uma estimativa razoável com base nas informações disponíveis sobre quais pontos vão importar mais para ele.
- As três partes de cada resposta são priorizadas com base no ramo ou na área profissional e no estilo e na escolha de perguntas do entrevistador. Vendas e arrecadação de fundos, por exemplo

são áreas profissionais extremamente orientadas para resultados. Alguns entrevistadores são tão diretos e objetivos que, se você quiser uma chance de conseguir o emprego, precisará fornecer a eles o resultado final primeiro.

- Em todas as respostas, o entrevistado enfatizou o ponto mais importante ou relevante em primeiro lugar. Não espere até o final de sua resposta para dar ao entrevistador seu melhor argumento — ele pode já ter parado de ouvir a essa altura!
- O tom delas é conversacional, não formal ou afetado. Muitas pessoas se tornam automaticamente mais formais em uma entrevista, tanto nas palavras que escolhem como na forma como expressam os fatos. Isso pode ser um enorme erro, porque pode fazer você parecer inacessível ou mesmo arrogante. Lembre-se de que vão tentar avaliar o quanto você se enquadra na empresa ou departamento deles.
- As realizações que os entrevistados discutem não suscitam controvérsias e ajudam os entrevistadores a percebê-los como inteligentes e sagazes. Elas comprovam a competência do entrevistado nas áreas-chave necessárias para ser bem-sucedido na empresa.

EVITANDO PROVÁVEIS PROBLEMAS

Então, como você pode aumentar suas chances de sucesso em uma entrevista com foco em competências? Sempre que possível, escolha exemplos que aumentarão suas chances de ser visto de forma positiva pelo entrevistador e evite dar exemplos que possam fazer com que ele o avalie de forma negativa ou o enxergue como vítima. Sempre que possível, assuma a autoria dos fatos ocorridos no trabalho pelo qual é responsável. Seja profissional e não ponha a culpa nos outros — mesmo que eles *mereçam* a culpa. Quando lhe for perguntado abertamente sobre fracassos ou erros que você teve ou cometeu, sempre diga ao entrevistador que aprendeu com a experiência e que isso o tornará mais bem-sucedido no futuro.

Examine cada uma de suas realizações pelas perspectivas de diferentes competências. Isso é importante, porque o ajudará a estar pronto para responder a perguntas sobre competências diferentes. Quase toda realização pode ser explicada de várias maneiras, simplesmente enfatizando-se partes distintas. Identifique as competências que estão em jogo em seus exemplos e considere como você mudaria sua resposta de acordo com a competência envolvida na pergunta. Lembre-se de falar sobre o que importa para o entrevistador e defender suas ideias mais importantes primeiro.

Seja direto em suas respostas. Ser evasivo ou vago poderia funcionar para políticos, mas raramente o ajudará em uma entrevista. Se necessário, leve o tempo que precisar para reunir seus pensamentos, caso não esteja seguro de como responder. De preferência, isso deve acontecer apenas uma ou duas vezes se você tiver feito seu dever de casa e se estiver preparado. Muitos entrevistados se colocam em situações difíceis porque simplesmente se interrompem e começam a falar — mesmo quando ainda não analisaram sua resposta. (É mais provável que você faça isso, se for extrovertido como eu.) Se você se preparar para uma entrevista com foco em competências corretamente, deve ser capaz de responder a quase todas as perguntas que o entrevistador fizer. Levar a entrevista a sério — dedicando o tempo necessário para se preparar — fará toda a diferença.

Finalmente, *pratique*. Encontre alguém que seja um instrutor de carreira sagaz, ou um gerente ou profissional de recursos humanos que possa ajudá-lo a sintonizar suas respostas com perguntas de entrevistas com foco em competências. Por favor, confira suas respostas completamente e certifique-se de que sejam de fato competentes. Muitos instrutores e consultores acham que eles são mais sofisticados e versados do que realmente são.

RECAPITULAÇÃO

Quando você estiver se preparando para sua próxima entrevista com foco em competências, lembre-se de começar com uma lista de competências para o cargo. Depois, examine a lista e identifique as realizações das quais mais se orgulha e que forneçam evidências de que você é consistente em cada área de competência. Pense naquilo que quer enfatizar e como explicar a resposta de forma clara e organizada, ainda que conversacional. Reconheça que existem formas diferentes de fornecer a resposta, dependendo de qual competência você queira enfatizar. Lembre-se de incluir as três partes principais de qualquer resposta boa — situação/tarefa, ação e resultado — e considere a ordem na qual falará sobre elas. O que quer que torne seu argumento mais efetivo é o que você deve falar primeiro. Meu melhor conselho? Não espere pela próxima entrevista. Comece a trabalhar sua lista de realizações com foco em competências agora.

PONTOS-CHAVE DO CAPÍTULO 5

A modéstia jamais é uma virtude em uma entrevista.

Ser evasivo ou vago pode funcionar para políticos, mas raramente o ajudará em uma entrevista.

Como você pode comprovar suas competências?

Dê os melhores exemplos de sua experiência que demonstrem as competências que são importantes para o emprego.

Qual a melhor forma de se preparar para uma entrevista com foco em competências?

- Reveja as competências-chave. Certifique-se de compreender o que é necessário para ser bem-sucedido em sua própria área profissional e no cargo em que está interessado.
- Identifique seus melhores exemplos para evidenciar que você é consistente em cada competência-chave.
- Se for difícil desenvolver bons exemplos, peça a seus mentores, colegas, gerentes, familiares e amigos para descrever situações nas quais eles o tenham visto demonstrar competências específicas.

Como você pode encontrar empresas cujos valores e competências-chave correspondam aos seus?

Procure novas histórias e levantamentos sobre reputação corporativa. Converse com sua rede de colegas e amigos para aprender mais sobre uma empresa em que você estiver interessado. Ouça.

Quais são as características-chave de boas respostas a perguntas de entrevista com foco em competências?

Boas respostas:

- Explique situação, ação e resultado com detalhes suficientes para que o entrevistador possa dizer sobre o que o entrevistado está falando, mas não tantos detalhes a ponto de o entrevistador perder o argumento principal.
- Foque nos pontos que sejam fundamentais para o entrevistador.
- Enfatize o ponto mais importante ou relevante falando primeiramente sobre ele.
- Expresse tudo em um tom de conversa informal.
- Mostre que você é um funcionário esperto e sagaz — mantenha-se longe de controvérsias. Sempre se concentre nas competências-chave necessárias para o sucesso na empresa.

Como você pode evitar possíveis problemas na entrevista?

- Escolha exemplos que o ajudem a se apresentar de maneira positiva.
- Evite exemplos que possam fazer com que o entrevistador o veja de uma forma negativa ou como vítima. Assuma a autoria de tudo o que era de sua responsabilidade. Não culpe os outros, mesmo se eles merecerem a culpa.
- Responda às perguntas sobre fracassos ou erros falando sobre o que você aprendeu e como isso fará com que você obtenha mais sucesso no futuro.

- Pense em cada realização pela perspectiva das diferentes competências. Quase toda realização pode ilustrar mais de uma competência, dependendo de qual parte seja enfatizada.
- Lembre-se de, em primeiro lugar, falar sobre o que importa para o entrevistador.
- Seja direto e responda às perguntas do entrevistador.
- Se precisar organizar seus pensamentos, tire um tempo para assim proceder. Isso não deve acontecer mais de duas vezes em qualquer entrevista, caso você realmente tenha feito seu dever de casa e esteja preparado. Se estiver bem-preparado, deve ser capaz de responder à maioria das perguntas.
- Encontre um profissional para ajudá-lo a ajustar suas respostas. Certifique-se de que a pessoa que você escolher entenda do processo de entrevista com foco em competências.

6. Apresente-se como um candidato consistente

Até mesmo a menor das criaturas é capaz de mudar o curso da história.

— Galadriel em *O senhor dos anéis: a Sociedade do Anel*

Você trabalhou duro e pensou em boas respostas para perguntas comportamentais visando as competências para o cargo específico em que está interessado. Esse é o primeiro passo para ser bem-sucedido em uma entrevista com foco em competências. Mas é apenas o primeiro passo. Você também precisa parecer adequado para a posição, agir de acordo com o cargo e se apresentar como um candidato consistente. Neste capítulo, vou abordar os fundamentos da comunicação não verbal, de que você precisará para se sair bem em qualquer entrevista. Depois, vou analisar como você pode usar a comunicação não verbal a seu favor em entrevistas com foco em competências. Essa comunicação sempre desempenhará um importante papel em sua performance em qualquer entrevista, incluindo as entrevistas com foco em competências. Então, exatamente o que é comunicação não verbal? É qualquer tipo de comunicação que usamos para enviar uma mensagem, excetuando-se as palavras que escolhemos.

COMUNICAÇÃO NÃO VERBAL

A comunicação não verbal é muito importante em qualquer entrevista. Além de dispor de respostas ponderadas, como foco em competências à sua disposição, você também precisará:

- Manter contato visual.
- Vestir-se apropriadamente.
- Usar os gestos corretos.
- Ter um aperto de mão firme.
- Comportar-se de maneira apropriada.
- Sorrir nas ocasiões certas.
- Respeitar o espaço pessoal de seu entrevistador.
- Reagir à comunicação não verbal de seu entrevistador.
- Evitar passar mensagens contraditórias, nas quais sua comunicação não verbal contradiga suas palavras.
- Dar suas respostas de forma organizada.
- Conversar com seu entrevistador de uma maneira informal.

Parecer adequado para o cargo começa com se vestir apropriadamente. Muito embora você possa querer se vestir de acordo com a cultura da empresa ou do local da entrevista, você quase sempre será percebido como apropriado caso se vista dentro da faixa conservadora para sua área profissional ou ramo. Você quer que o entrevistador se lembre de você porque o impressionou, não pelo que vestiu.

Preste atenção à sua voz e dicção. Certifique-se de que o entrevistador consiga escutá-lo, mas que você não esteja gritando para ele. Fale claramente, coloque um pouco de energia e vida em sua voz e use boa gramática. Tente minimizar o número de pausas e aquilo que os especialistas em comunicação chamam de *disfluências* — os *hums, hãs, aís, sabes* e *tipos* que, às vezes, interferem na conversa.

Se você já teve uma aula de comunicação no ensino médio ou na faculdade (ou se você for simplesmente uma pessoa esperta, observadora), provavelmente já sabe o quanto a comunicação não verbal é importante em qualquer interação. As primeiras impressões contam, e a primeira impressão do entrevistador se baseia na comunicação não verbal. A maioria dos entrevistadores decide-se rapidamente a respeito dos candidatos — nos primeiros 15 segundos a dois minutos da entrevista. Claramente, a comunicação não verbal pode fazer uma diferença significativa em qualquer entrevista.

Um de meus clientes, alguém com dez anos de experiência e um Ph.D. de um dos melhores programas norte-americanos de engenharia em sua área, me disse que nunca se dera bem em entrevistas. Quando o conheci, ele se sentava na beira da cadeira, inclinava-se para a frente e quicava ligeiramente enquanto falava. Gravei sua postura em vídeo para que ele pudesse ver por si mesmo o que estava fazendo. Expliquei-lhe como era importante não invadir o espaço do entrevistador; disse-lhe para se sentar encostado na cadeira, com suas costas retas, e parar de quicar. Ele seguiu a orientação e recebeu uma oferta depois da entrevista seguinte.

Você provavelmente já ouviu o ditado "ações dizem mais do que palavras". Cada cultura tem um ditado equivalente, então, saiba que a comunicação não verbal é importante em todo o mundo. Por ser a comunicação não verbal influenciada pela cultura ao redor, o que é considerado apropriado em um país pode ser visto de forma muito diferente em outro. Por exemplo, o contato visual direto é esperado nos Estados Unidos e é visto como sinal de honestidade e confiabilidade. Em certos países da África e da Ásia, entretanto, o contato visual direto é sinal de desrespeito. Se você viver ou trabalhar em uma das cidades grandes nos Estados Unidos, como eu, ou em outro país, talvez queira aprender sobre as diferenças entre culturas. Se usar a comunicação não verbal de forma apropriada em sua entrevista e tentar ser sensível às expectativas culturais de seu entrevistador, isso só poderá funcionar a seu favor.

Neste capítulo, os exemplos e as explicações são baseados nas expectativas culturais e costumes tradicionais dos Estados Unidos. Se você viver em outro país ou planejar fazer uma entrevista com uma empresa baseada em outra parte do mundo, por favor, dedique algum tempo para aprender o que se espera de um bom entrevistado lá — em outras palavras, o que os entrevistadores considerariam apropriado em termos de comunicação não verbal. (Vá ao Capítulo 12 para mais informação sobre questões globais, incluindo comunicação não verbal, com entrevistas com foco em competências.) Muitos lugares estão bem mais distantes do Kansas do que Oz estava para Dorothy. Mas pelo menos os Munchkins falavam e cantavam em inglês, e o Mágico era de Omaha, Nebraska.

ENTREVISTAS COM FOCO EM COMPETÊNCIAS E COMUNICAÇÃO NÃO VERBAL

Quando você estiver se preparando para uma entrevista com foco em competências, uma das coisas mais importantes é lembrar de colocar em primeiro plano as necessidades do entrevistador e do empregador. Ao identificar primeiro as competências de que o empregador precisa para ser bem-sucedido, você pode começar a pensar sobre suas próprias realizações para provar consistência em cada área de competência.

A sua comunicação não verbal também precisa ser consistente com o que estiver dizendo. Você não pode esperar que um entrevistador reaja positivamente a sua resposta bem-elaborada com foco em competências se estiver virando os olhos para cima enquanto fala. Quando sua mensagem não verbal contradisser sua mensagem verbal, os entrevistadores acreditarão na mensagem não verbal. Isto é verdadeiro no mundo todo. Então, quando diz ao entrevistador que você está disposto a ser transferido, mas sua cabeça está dizendo "não", o entrevistador, com boa razão, vai questionar suas palavras e acreditar no movimento da cabeça. Quando você fornece ao entrevistador este tipo de mensagem contraditória, pode não parecer sincero. Bons entrevistados não dão respostas contraditórias na entrevista. Que tipo de comunicação não verbal realmente importa durante uma entrevista com foco em competências? Para proporcionar a você dicas especialmente úteis, vou abordar algo que poderia influenciar a percepção do entrevistador sobre você mais do que as realizações específicas e as palavras que estiver usando em suas respostas. Vamos examinar três das competências mais comuns e pensar na comunicação verbal e não verbal que poderíamos esperar, competência por competência. Por favor, lembre-se de que expectativas, estilos e tradições variam de cultura para cultura, então, se você planejar fazer uma entrevista em um país cuja cultura seja diferente da sua deve, primeiro, falar com alguém que entenda como as pessoas se comunicam por lá. Saber o que os entrevistadores esperam nesse sentido o ajudará a avaliar seus pontos fortes e suas desvantagens na comunicação verbal e não verbal.

> Observação: Se você souber que sempre há discrepâncias entre suas respostas verbais e não verbais, pode escolher entre ajustar suas respostas, mudar sua atitude ou pedir a um amigo, instrutor ou outro profissional para ajudá-lo a entender o que poderia estar por trás da mensagem contraditória. O objetivo é tornar sua comunicação verbal e não verbal mais consistente.

Orientação para realizações/resultados

O que os entrevistados podem fazer ou dizer para comprovar que são orientados para resultados? Em muitos casos, o próprio entrevistador poderia não reconhecer os detalhes específicos que o ajudaram a chegar a essa conclusão sobre a consistência (ou falta dela) nessa área. Pense nas evidências que um entrevistador procuraria para se sentir convencido de que um entrevistado é focado em desempenho, objetivos, metas ou resultados. Algumas dessas evidências-chave serão verbais — as palavras que o candidato usa. E algumas serão não verbais. Isso inclui a maneira como o candidato:

- Fala.
- Mantém contato visual.
- Lida com a linguagem corporal.
- Veste-se.
- Arruma-se e cuida de si.

O candidato explica os resultados usando números, estatísticas, reais (ou dólares), tempo gasto ou alguma outra medida para ajudar o entrevistador a entender a dimensão ou escopo do empreendimento? Alguém consistente nessa competência o faria. Um entrevistador astuto esperaria que as respostas de um candidato orientado para resultados fossem organizadas, lógicas, concisas e completas. A ênfase em algumas de suas respostas mais importantes seria nos resultados em vez de no processo. O entrevistador seria capaz de dizer que isso era uma prioridade para o candidato, porque:

- O resultado seria fornecido perto do início da resposta.

- Mais tempo seria gasto explicando o resultado do que a situação/tarefa/problema ou ação.

O que mais ajuda a confirmar que o candidato é consistente na competência **Orientação para realizações/resultados**? Um bom entrevistador esperaria que uma pessoa orientada para resultados chegasse ao ponto rapidamente. Ela geralmente não seria acusada de desperdiçar tempo do entrevistador, saindo por tangentes ou se concentrando em detalhes que não sejam fundamentais. Essa pessoa manteria um bom contato visual. Ela se envolveria na conversa. O entrevistador seria capaz de avaliar tudo isso por meio dos gestos dela, suas expressões faciais e sua postura. (Uma nota sobre postura: se você se inclinar demais para a frente na cadeira, isso pode parecer uma invasão do espaço do entrevistador — ou você apenas parecerá estranho.) Pense em pessoas que produzem resultados — que outros sinais não verbais *você* esperaria desse tipo de candidato?

Impacto e influência

Um entrevistador esperaria ver muitos dos mesmos sinais não verbais que discutimos para **Orientação para realizações/resultados**. Um entrevistado que demonstre seu poder influenciador manteria bom contato visual, se manteria envolvido na conversa e se sentaria e se levantaria apropriadamente. Há algumas diferenças sutis, entretanto. Lembre-se de que essa é a competência que descreve a capacidade de persuadir, convencer, impactar e influenciar as pessoas certas para obter êxito. Pense em pessoas que são consideradas agressivas em comparação com aquelas que são assertivas.

Pessoas assertivas são igualmente focadas em pessoas e tarefas; pessoas agressivas tendem a se focar em atingir o objetivo. Compare as competências necessárias para vender baseadas em relacionamentos consistentes, de longa duração, e aquelas necessárias para vender baseadas em contato imediato e volume. Pessoas com fortes capacidades influenciadoras são quase sempre assertivas, não agressivas. Elas reconhecem que precisarão trabalhar com as mesmas pessoas no futuro, então, tentam proteger o relacionamento sempre que possível.

Que evidência ajuda a convencer um entrevistador de que um candidato possui fortes capacidades influenciadoras? O mais importante é a forma como o candidato responde às perguntas e visa as reais necessidades do entrevistador, ou mesmo como faz perguntas para esclarecer essas necessidades. Ele deve enfatizar o fato de que tem o que o entrevistador procura, que sua experiência ajudará a garantir seu sucesso no novo cargo — em outras palavras, que ele sabe vender suas ideias e a si mesmo *sem exagerar*. Pessoas com fortes capacidades influenciadoras sabem como ler os outros e convencê-los a mudar suas posições, agora ou em algum ponto da trajetória. Se elas forem realmente sutis e inteligentes, podem até mesmo fazer a outra pessoa achar que a mudança é ideia dela. Elas podem usar uma tangente curta ou contar uma história, apenas para ajudá-los a persuadir alguém a mudar sua perspectiva.

Candidatos com fortes capacidades influenciadoras também tendem a ter bom senso de humor. Saber como fazer uma observação curta, espirituosa, ou contar uma piada na hora certa pode ajudar a aliviar a tensão, persuadir um colega ou fechar um negócio. (Uma palavra de advertência: seja sempre apropriado. Você precisa ter certeza de que não é a única pessoa a achar algo engraçado.)

Integridade e ética

Que sinais verbais e não verbais ajudam o entrevistador a avaliar o quanto um candidato é consistente (ou inconsistente) na competência **Integridade e Ética?** Entrevistadores astutos podem achar que um candidato está mentindo quando ele:

- Dá exemplos que não fazem sentido ou se contradizem.
- Exibe uma comunicação não verbal que contradiz suas palavras.
- Faz movimentos impacientes e evita contato visual em certos momentos relevantes.
- Movimenta-se menos frequentemente do que candidatos sinceros.
- Fala mais lentamente e comete mais erros do que a maioria dos candidatos.
- Usa menos palavras quando responde a perguntas, normalmente respostas de uma só palavra, com pouca elaboração.
- Usa pausas longas, tanto antes de responder quanto ao fazê-lo.
- Usa mais "termos generalizantes" como *você sabe o que quero dizer, né* e *entende?* no final das frases.
- Usa menos termos concretos e se refere menos frequentemente a pessoas e lugares específicos.
- Protege ou cobre a boca, toca no nariz e esfrega os olhos.[1]

Essas são apenas algumas das formas pelas quais os bons entrevistadores são capazes de identificar uma mentira ou enganação. A maioria dos bons treinamentos para entrevistadores os incentiva a procurar por *vários* indicadores de que alguém esteja mentindo; apenas um não costuma ser suficiente para constituir prova. Mesmo agentes da lei precisam mais do que ficar se mexendo e de excessivas pausas como evidências até poderem dizer que um suspeito não está dizendo a verdade: eles procuram por mais evidências. Isso é o que bons entrevistadores também fazem.

Você geralmente se sairá melhor se disser a verdade durante uma entrevista — entrevistadores espertos e sagazes provavelmente estarão preparados para dizer quando você estiver mentindo. Não tente ser alguém que não é, porque, se você receber a oferta, pode se ver em uma situação que não seja compatível com sua personalidade verdadeira. Como instrutora, entretanto, sou uma pessoa que crê em honestidade diplomática, não em honestidade brutal. Diga a verdade, mas de uma forma mais provável de ajudá-lo que de prejudicá-lo. Sempre coloque a melhor perspectiva em tudo que disser. Eis um exemplo: para os homens que lerem este capítulo, por favor, saibam que vocês não têm que sair e dizer às mulheres de suas vidas que o que elas usam as faz parecer gordas quando elas perguntarem. Apenas perguntem a elas o que acham ou, melhor ainda, digam-lhes que estão sempre ótimas para vocês.

Quando se pensa em todos os sinais não verbais que podem fazer com que você seja visto como desonesto, você começa a perceber por que eu o incentivei a dar respostas específicas e concretas a perguntas com foco em competências, e para se preparar de modo que possa pensar no que dizer antes da entrevista. Dedicando o tempo necessário para se preparar para uma entrevista com foco em competências você aumenta suas chances de não precisar pausar ou dar ao entrevistador razão para achar que você não está dizendo a verdade.

Confie em mim — eu estou lhe dizendo a verdade!

Outras competências

Agora que você já aprendeu a como fundamentar suas respostas com boa comunicação não verbal para as competências **Orientação para Realizações/Resultados, Impacto e Influência** e **Integridade e Ética**, precisa se esforçar para fundamentar as outras competências relevantes por meio de comunicação verbal e não verbal consistentes. Por exemplo, considere a competência **Atendimento ao cliente**. Você não esperaria ver um bom profissional de atendimento ao cliente ou vendas saber quando:

- Sorrir e demonstrar apoio e atenção por um cliente?
- Dar um ritmo mais lento às suas respostas e usar um tom de voz mais calmo quando estiver lidando com um cliente difícil?

Pense em quais evidências você precisa fornecer e que fundamentarão suas respostas visando as *outras* competências-chave em sua lista para o cargo ou empresa em vista.

OUTROS SINAIS NÃO VERBAIS

Talvez já tenhamos passado da fase de crescimento, mas nosso peso, dignidade e sabedoria ainda podem aumentar. Algumas coisas que afetam nossa aparência não podem ser mudadas. Mas outras podem. Se você for uma mulher que quer ser entrevistada para um emprego de elevada responsabilidade, considere fazer sua maquiagem e cabelo com profissionais e comprar um novo traje e sapatos. Se você precisar perder um pouco de peso, comece sua dieta e seu programa de exercícios cedo o bastante para que faça diferença na época de sua entrevista. Obtenha recomendações de maquiadores, manicures, cabeleireiros, compradores profissionais e de bons lugares para comprar de pessoas que pareçam refinadas e profissionais. Pode valer a pena o investimento.

Se você for homem, considere empenhar algum esforço extra também. Estar bem-penteado e ter uma aparência profissional conservadora é importante tanto para homens quanto para mulheres.

PONTOS-CHAVE DO CAPÍTULO 6

Ações dizem mais que palavras

O que é comunicação não verbal?

Todos os tipos de comunicação exceto, as palavras.

Que comunicações não verbais são importantes em qualquer entrevista?

- Manter bom contato visual.
- Vestir-se apropriadamente e de forma conservadora.
- Usar os gestos corretos.
- Ter um aperto de mão firme.
- Comportar-se adequadamente.

- Sorrir nos momentos apropriados.
- Respeitar o espaço pessoal.
- Reagir à comunicação não verbal do entrevistador.
- Evitar passar mensagens contraditórias.
- Conversar com o entrevistador de forma organizada, lógica, embora profissional, prestando atenção à voz e à dicção.

Como a cultura afeta a comunicação não verbal em uma entrevista?

Expectativas e estilos variam de acordo com o país/cultura da empresa e, às vezes, com o país e cultura do entrevistador, também. Conte com estilos e convenções de comunicação não verbal diferentes quando estiver sendo entrevistado em outras culturas e seja mais sensível às expectativas de seu entrevistador.

O que faria um entrevistador classificar um candidato como consistente na competência Orientação para Resultados?

- O candidato explica seus resultados usando dados quantitativos e qualitativos.
- Suas respostas são organizadas, lógicas, concisas e completas.
- Maior ênfase é colocada nos resultados do que no processo; os resultados parecem ser prioridade para o candidato.
- Expressa sua ideia rapidamente.
- Mantém bom contato visual e permanece envolvido na conversa.

O que faria o entrevistador acreditar que um candidato é consistente na competência Impacto e Influência?

Ele exibirá muitos dos mesmos sinais mostrados na competência **Orientação para Resultados**. Além disso:

- Ele é assertivo, não agressivo. Considera os relacionamentos de longa duração com as outras pessoas.
- Consegue vender suas ideias de forma eficaz, sem exagerar.
- Bom na leitura de pessoas.
- Bom em entender sutilezas e usá-las para convencer outras pessoas.
- Faz uso de histórias e de humor para ajudar a expressar ideias e persuadir os outros a mudar seus pontos de vista.

Que sinais verbais e não verbais fazem um entrevistador duvidar da capacidade de um candidato na competência Integridade e Ética?

- O candidato fornece exemplos não claros ou contraditórios.
- Suas palavras e a comunicação não verbal não correspondem.
- Fica se mexendo e/ou evita contato visual ou, ao contrário, senta-se muito parado e se movimenta menos do que outros candidatos.
- Fala mais lentamente e comete erros verbalmente.
- Fornece respostas curtas, com pouca elaboração.
- Pausa frequentemente.
- Usa termos gerais que implicam conhecimento limitado.

- É geral e vago.
- Toca no nariz, esfrega os olhos ou cobre a boca.

O quanto você deve ser honesto em uma entrevista?

A honestidade diplomática é a melhor. Não há razão para ser brutalmente honesto. Coloque a melhor perspectiva em algo sem deixar de ser verdadeiro.

O que mais você deve fazer para se preparar para uma entrevista com foco em competências?

- Reveja sua lista de competências fundamentais para o cargo e descubra como apresentar-se como um candidato consistente — verbalmente e não verbalmente — em cada área de competência.
- Faça um esforço para parecer o mais profissional possível no dia da entrevista. Considere perder peso ou comprar uma nova roupa. Preste atenção em seu cabelo (faça seu cabelo com um profissional, se possível) e certifique-se de que seus sapatos estão engraxados. Se você precisar de mais orientação, peça a alguém que considere refinado e arrumado.

7. Considere outros tipos importantes de entrevista

Aquele que faz uma pergunta é um tolo por cinco minutos; aquele que não faz uma pergunta permanece um tolo para sempre.

— Provérbio chinês

A essa altura, você já aprendeu como o processo de entrevista por competências funciona, como desenvolver boas respostas a perguntas de entrevistas com foco em competências e como parecer e agir como o melhor candidato. Você provavelmente acha que está pronto para sua próxima entrevista com foco em competências, e eu também — *quase*. Por não querermos ser tolos para sempre, seguiremos o conselho do provérbio chinês e começaremos fazendo a pergunta: o que mais você precisa para conseguir a oferta? Apesar de o processo de entrevista com foco em competências ser o método mais comum atualmente, talvez você ainda tenha que responder a algumas perguntas que não são estritamente focadas em competências. Sua tarefa como candidato é fazer um bom trabalho ao responder a *todas* essas perguntas.

Eis cinco exemplos de outros tipos de perguntas que podem ser feitas:

- Por que você está interessado neste emprego?
- Fale-me sobre você.
- Qual é seu salário atual? Que salário espera ganhar?
- Quais são seus pontos fortes?
- Qual é sua maior vulnerabilidade?

Como você deve responder a essas perguntas para se sair bem na entrevista? Como pode usar seu conhecimento do processo de entrevista com foco em competências para dar respostas consistentes a esses outros tipos de perguntas? Depois de ler sobre como responder a essas perguntas, provavelmente, você achará que está preparado para se sair bem na próxima entrevista. Por favor, leve o tempo que precisar para rever a seção de perguntas e repostas no final deste capítulo. Você pode encontrar uma única dica extra que fará toda a diferença em sua próxima entrevista.

RESPONDA A OUTRAS PERGUNTAS COMUNS, DEMONSTRANDO FORTES COMPETÊNCIAS[1]

Por que você está interessado neste emprego?

É bem provável que lhe façam esta pergunta (ou uma semelhante, com a mesma intenção) antes ou durante a entrevista. Muito embora essa questão não pareça fazer parte de uma entrevista com foco em competências, os entrevistadores podem fazer uma ou duas perguntas que não estejam incluídas em seu guia aprovado para entrevistas com foco em competências. As melhores respostas a esse tipo de pergunta focam na forma como sua experiência e seus interesses correspondem às necessidades da empresa. Em outras palavras, essa é uma oportunidade de mostrar que você tem as competências certas para o emprego e que está interessado em desenvolver as competências necessárias para que a organização seja bem-sucedida no futuro.

Eis uma possível resposta: "Três razões principais. Ela me proporcionará a chance de provar o quanto sou bom em alcançar objetivos; construir relacionamentos consistentes e de longa duração com clientes e motivar os funcionários no departamento a serem ainda mais bem-sucedidos." Parafraseie as competências. Esteja preparado para fornecer exemplos de como você as usou no passado. Mesmo quando a pergunta não for tecnicamente comportamental, usar o comportamento passado ou exemplos ajuda a fornecer provas para o entrevistador de que você permanecerá consistente nas mesmas competências. Novamente, sempre procure formas nas quais sua experiência e competências se enquadrem ou correspondam ao cargo. Pesquise a função e a empresa on-line. Pergunte a pessoas que trabalham para a mesma empresa ou em cargos semelhantes em um concorrente.

Fale-me sobre você

Você provavelmente descobriu, a esta altura, que sempre deve enfatizar as necessidades do empregador em primeiro lugar e as suas em segundo. Então, qual é a resposta adequada a esta pergunta? Pense nisso: o que existe a seu respeito que o empregador precise saber para perceber que você possui as competências de que ele precisa para ajudar a empresa a ser mais bem-sucedida? Limite sua resposta a não mais que dois minutos e lembre-se de focar em sua experiência. Gerentes de Recursos Humanos contam histórias inacreditáveis sobre candidatos que falam de seus divórcios, seus problemas com os filhos ou seus problemas de saúde. Alguns entrevistadores têm até mesmo histórias sobre candidatos que tentam convertê-los a outra religião. Você é um profissional, e sua resposta a essa pergunta precisa permanecer profissional. Isto é especialmente verdadeiro nos Estados Unidos.

Mas, como já mencionei, a forma como qualquer entrevista é conduzida, mesmo uma entrevista com foco em competências, é afetada pela cultura do empregador e pela cultura e pelas leis do país em que a organização esteja localizada. Em algumas outras partes do mundo você pode deparar com perguntas sobre sua vida pessoal e, então, deve responder a essas perguntas — se quiser se sair bem na entrevista. Uma empresa britânica que me contratou como consultora estava estabelecendo uma subsidiária nos Estados Unidos. Os supervisores ficaram surpresos ao saber que não deveriam perguntar aos candidatos sobre seu estado civil ou sobre sua família quando fizessem entrevistas nos Estados Unidos, porque normalmente faziam essas perguntas na Europa.

A resposta tradicional a essa pergunta é cronológica. comece do início e trabalhe em direção ao presente, enfatizando aspectos de sua experiência e qualificações que sejam mais relevantes para o cargo. O segundo modelo é discutir brevemente sua experiência e escolaridade iniciais, mas gastar a maior parte dos dois minutos focado em seus pontos fortes, capacidades e habilidades atuais e no que você deseja fazer a seguir. Os dois métodos podem funcionar, mas um pode ser mais adequado do que o outro, dependendo de sua situação. Seja lógico, organizado e conciso. Mencione evidências de suas competências que sejam relativas ao cargo para o qual você está sendo entrevistado quando estiver falando de sua experiência — dessa forma, você passará a mensagem de que vem desenvolvendo suas competências ao longo do tempo e que elas são consistentes. Não se esqueça de que o entrevistador provavelmente está avaliando suas capacidades como comunicador ao mesmo tempo em que ouve o conteúdo de sua resposta.

Qual o seu salário atual? Que salário espera ganhar?

Muitas pessoas ficam extremamente desconfortáveis ao perguntar sobre dinheiro durante uma entrevista. Para muitos, falar sobre dinheiro equivale à religião, à política e ao sexo como tópicos que elas gostariam de evitar. A forma de lidar com essas questões é se concentrar, sobretudo, nas necessidades do empregador. Não se trata apenas de você e do que você pensa que seja apropriado para o entrevistador perguntar. Quase sem exceção, quando os entrevistadores fazem esse tipo de pergunta, é porque precisam saber. Se eles quiserem lhe fazer uma oferta, precisam encontrar um salário que o deixará feliz e que se enquadre na faixa de pagamento das pessoas em sua empresa com experiência e capacidades similares. Eles estão simplesmente tentando ser justos. Se você *ainda* tiver problema para responder a essas perguntas, por favor, trabalhe para superar isso. Não existe forma alguma de evitar discutir salários quando você é entrevistado para um emprego.

Então, qual é a forma satisfatória de responder essas duas perguntas? Na maioria dos casos, instruo meus clientes a responder à primeira pergunta. Quanto à segunda, incentivo-os a dizer ao entrevistador: "Estou certo de que, se você decidir que eu sou a pessoa certa para o emprego, fará o melhor que puder por mim." Culpa é uma coisa maravilhosa, se ela funcionar a seu favor.

Por favor, lembre-se de que esse é apenas o primeiro passo na negociação de salário. Para dar uma orientação realmente precisa, um consultor precisaria saber muito mais sobre a oportunidade de emprego e sua própria situação.

Quais são seus pontos fortes?

Quando responder a esta pergunta, primeiro foque em seus pontos fortes que correspondam às competências que são as mais importantes para ajudar o empregador a ser bem-sucedido no futuro. Deixe de fora quaisquer pontos fortes que não sejam importantes para o sucesso no cargo. Por exemplo, se você for muito criativo e já tiver exibido suas pinturas em galerias, esse tipo de competência poderia não ser visto como um diferencial se você estiver sendo entrevistado para uma posição de engenheiro.

Escolha três ou quatro das competências mais importantes para a posição em que você seja consistente e responda à pergunta usando essas competências. Comece com a que seja mais importante para o sucesso do entrevistador e, então, fale sobre seus pontos fortes na segunda área mais importante. Coloque as competências em sua própria linguagem, porque você dará a impressão de ser mais sofisticado do que o candidato seguinte, que pode apenas repetir a lista de competências, palavra por palavra. De fato, você *será* mais sofisticado do que o candidato seguinte — afinal, você está lendo este livro!

Qual é sua maior vulnerabilidade?

Ouça atentamente a pergunta. O entrevistador está realmente perguntando por uma vulnerabilidade ou várias? A maioria dos consultores de carreira pede para os candidatos responderem escolhendo uma vulnerabilidade, transformando-a em um ponto forte. Isso pode ser verdade a maior parte do tempo, mas, para fazer isso corretamente, sua resposta deve ser diplomaticamente honesta, original e, acima de tudo, autêntica. Mantenha-se longe de respostas clichês como "Sou perfeccionista", a não ser que possa oferecer evidências que deem sustentação a essa alegação. Lembre-se de que todas as pessoas têm vulnerabilidades; dizer que você não tem nenhuma simplesmente não é verossímil.

Quando responder a essa pergunta, é importante escolher uma vulnerabilidade que não seja relacionada às competências fundamentais para o cargo. Por exemplo, você não vai querer que o achem fraco em **Capacidade Analítica**, se isso for um atributo fundamental para ter sucesso no cargo. Tente escolher algo que o entrevistador possa já ter notado como uma vulnerabilidade durante a entrevista. Um exemplo: "Nem sempre sou conciso como acho que devo ser. Estou ciente de que preciso melhorar e chegar ao ponto mais rapidamente; estou trabalhando nisso. Sei que é algo que eu poderia melhorar." Pense em quanto essa resposta seria efetiva para um candidato que acabara de sair por uma tangente durante a entrevista. Pelo menos, o entrevistador agora está ciente de que o candidato reconhece o problema.

Outro método é focar em algo diferente, que poderia ser bem-humorado. Um cliente da Virgínia Ocidental estava se preparando para uma entrevista no Texas e tinha um bom senso de humor. A resposta dele? "Não sei se você percebeu, mas algumas pessoas aqui acham que eu tenho sotaque. Então, eles me subestimam. Enquanto agem assim, me dão todos os tipos de informação antes de perceberem que eu sei o que estou fazendo. Mas, ocasionalmente, isso pode funcionar contra mim." Você percebe por que essa resposta funcionou bem para ele?

DÉFICIT DE COMPETÊNCIA

Além da pergunta sobre pontos fracos, podem lhe perguntar sobre uma competência que você sabe não ser um de seus pontos fortes — uma área em que você tenha uma vulnerabilidade ou um *déficit de competência*. O que você pode fazer quando não conseguir comprovar certas competências-chave ou quando não for tão consistente quanto precisava em uma área de competência fundamental? Como candidato, você deve estar ciente de seus déficits de competência e aprender o que fazer para superá-los. Uma forma de lidar com essa situação é falar como você tem compensado o déficit usando sua capacidade em outra competência. Por exemplo, poderia ser difícil para você produzir um exemplo de como influenciou ou persuadiu alguém a mudar de ponto de vista em uma questão importante — mas talvez possa ser capaz de focar em um exemplo de quando usou sua destreza no atendimento para satisfazer um cliente difícil. Outro método é reconhecer o déficit e, então, explicar o que você fez ou planeja fazer para fortalecer sua capacidade naquela competência no futuro. Você se matriculou em uma aula ou se ofereceu como voluntário para um projeto no trabalho que lhe dá a oportunidade de provar que é competente na área em questão, no futuro próximo? Se assim for, deixe que o entrevistador saiba.

QUESTIONÁRIO DE ENTREVISTA: VERDADEIRO OU FALSO?

1. *O candidato mais bem-qualificado sempre consegue o emprego.*

Falso. Os entrevistadores consideram outras coisas, além de qualificações. Eles tentam avaliar o quanto você está disposto a trabalhar duro e o quanto se harmoniza no departamento e na empresa. Em organizações com foco em competências, é avaliado o quanto você é consistente nas competências necessárias para ser bem-sucedido no emprego. Além disso, eles podem ser persuadidos a fazer uma oferta a alguém que possa beneficiá-los politicamente — digamos, o sobrinho do diretor executivo.

2. *É uma boa ideia marcar suas primeiras entrevistas para os cargos em que você estiver mais interessado.*

Falso. A maioria dos entrevistados não se sai tão bem nas primeiras entrevistas como se sairá nas posteriores, quando se sente mais confortável com o processo. Então, tente fazer uma entrevista de "ensaio" (ou trabalhe com um instrutor ou consultor de carreira) antes de fazer uma que realmente seja importante para você.

3. *Os primeiros minutos da entrevista são os mais importantes.*

Verdadeiro. A maioria dos entrevistadores decide-se rapidamente.

4. *Você deve usar roupas conservadoras em uma entrevista.*

Verdadeiro. Mas lembre-se de usar o que é considerado conservador para sua área profissional ou ramo — não para a de qualquer outra pessoa. É importante usar roupas conservadoras porque você quer que o entrevistador se lembre de você pelo seu profissionalismo e inteligência e pela qualidade de suas respostas — não pelas roupas que usou. Se o entrevistador se lembrar de você por suas roupas, isso *não* é uma coisa boa.

5. *Leve uma agenda e um bloco de notas para a entrevista.*

Afirmação capciosa. Leve-os com você, mas não anote nada durante a entrevista. Se o fizer, o entrevistador pode entender que você tem pouca memória, é desatento (menos contato visual) ou talvez até que esteja interessado em colocá-lo em má situação (pense em uma provável acusação de discriminação ou processo jurídico). Tome algumas notas em seu bloco ou na agenda imediatamente após a entrevista, de modo que você possa escrever notas de agradecimento mais efetivas.

6. *É sempre bom chegar de 20 a 30 minutos antes para a entrevista.*

Falso. Na maioria dos casos, você deve planejar chegar cerca de cinco minutos antes. Se chegar mais cedo, você pode, na verdade, causar uma inconveniência para o entrevistador, que não o estará esperando meia hora antes. Embora seja sempre melhor chegar cedo do que tarde, muito cedo também não é bom. Chegue ao local cedo, mas espere no carro, na portaria do prédio ou do outro lado da rua, em um restaurante, até que seja a hora certa de ir para a entrevista. Enquanto espera, reveja seu currículo e dê uma checada para ver se ainda está parecendo tão profissional quanto estava depois que acabou de se vestir para a entrevista.

7. *Quando lhe perguntarem a respeito de sua experiência, você deve planejar manter sua resposta em até dois minutos.*

Verdadeiro. Não seja muito breve — *ou* fale demais. Observe a comunicação não verbal do entrevistador; se ele parecer entediado, acelere o ritmo de sua resposta e termine de falar. Enfatize as competências que sejam fundamentais para a posição.

8. *Durante uma entrevista, evite fazer contato visual excessivo para ajudar o entrevistador a se sentir menos nervoso.*

Falso. Manter o contato visual é visto positivamente em entrevistas nos Estados Unidos. Apenas não olhe fixamente, não encare! Lembre-se que as regras para o contato visual podem ser diferentes em outras partes do mundo, especialmente em alguns lugares da África e da Ásia. Então, lembre-se de fazer sua pesquisa e saber o que pode esperar.

9. *É melhor ser honesto e dizer para o entrevistador exatamente como você se sentiu em relação a supervisores anteriores, se lhe for perguntada sua opinião.*

Falso. Lembre-se de que a honestidade diplomática é melhor do que a brutal. Se você falar de forma negativa sobre um antigo superior, o entrevistador pensará que você pode falar negativamente sobre ele no futuro. Então, seja profissional e discreto.

10. *Não responda a perguntas sobre raça, sexo, idade, país de origem, estado civil ou número de filhos.*

Afirmação capciosa. Depende. Coloque a pergunta em contexto. Ver página 63, no Capítulo 3, para mais detalhes.

11. *O que você diz conta mais do que a percepção do entrevistador.*

Falso. Percepção é realidade. O entrevistador tomará a decisão baseado na percepção do quanto você será bem-sucedido no emprego em comparação com outros candidatos. Então, depende de você comunicar o que quiser de forma tão clara quanto for capaz, aumentando as chances de que o entrevistador o perceba de forma precisa.

12. *Exagere suas realizações, porque o entrevistador não será capaz de dizer que você não está dizendo a verdade.*

Falso. Um entrevistador perceptivo será capaz de dizer quando você não estiver dizendo a verdade com base em sua comunicação verbal e não verbal. Defenda sua ideia da melhor forma, mas lembre-se de manter-se honesto.

13. *Seu trabalho em uma entrevista é vender a si mesmo.*

Verdadeiro. Todo o seu trabalho na entrevista é persuadir o entrevistador de que você merece uma segunda entrevista ou uma oferta de emprego.

14. *Preparar-se para uma entrevista é perda de tempo.*

Falso. Preparar-se para uma entrevista é o melhor uso que você pode fazer de seu tempo — se você tem interesse em ser considerado seriamente para a oportunidade.

PONTOS-CHAVE DO CAPÍTULO 7

Quando você achar que está pronto, faça um pouco mais.

Todas as perguntas em uma entrevista com foco em competências serão perguntas comportamentais?

Não necessariamente. Mesmo em uma entrevista com foco em competências, você talvez tenha que fazer e responder a algumas perguntas que não sejam as tradicionais de entrevistas com foco em competências.

O que você deve ter em mente quando responder à pergunta "Por que você está interessado nessa posição?".

Foque em como sua experiência e seus interesses correspondem às competências que o empregador procura. Um candidato consistente fornece exemplos específicos para fundamentar o que diz. Use sinônimos para descrever as competências. Parafraseie e explique os fatos em suas próprias palavras.

Quando o entrevistador lhe pedir para falar sobre você, o que deve dizer?

- Ponto-chave: o que o entrevistador precisa saber a seu respeito para perceber que você tem as competências certas para ajudar a empresa a ser bem-sucedida?
- Limite sua resposta a dois minutos. Seja lógico, organizado e conciso.
- Foque em sua experiência profissional o que é relevante para essa posição, não em sua vida pessoal.
- Siga o modelo cronológico tradicional ou discuta brevemente sua experiência e escolaridade, focando em suas capacidades e competências atuais e naquilo que deseja fazer a seguir.

Como você deve responder a perguntas sobre salário?

- Seja franco sobre seu salário atual se lhe for perguntado, a não ser que haja uma boa razão para

não o fazer. Não se sinta desconfortável em falar de dinheiro.
- Se lhe for perguntado sobre expectativas salariais, diga: "Estou certo que se você decidir que sou a pessoa certa para o emprego fará o melhor que puder por mim."

Quais as coisas mais importantes para se lembrar quando lhe pedirem para identificar suas capacidades?

- Enfatize suas capacidades que correspondam às competências que o empregador precisa para ser bem-sucedido no futuro.
- Escolha três ou quatro das competências relevantes para a posição que você considere como seus pontos fortes.
- Comece sua resposta com as competências que tenham o maior peso ou sejam as mais importantes para o empregador.
- Parafraseie e use sinônimos para descrever as competências para o empregador. Coloque as competências relevantes em suas próprias palavras.
- Verifique se você está sendo perguntado sobre uma capacidade ou *capacidades*, se for o segundo caso, você terá que fornecer pelo menos dois exemplos.

Como você deve responder à pergunta "Qual é sua maior vulnerabilidade?".

A maioria dos consultores de carreira diz a seus clientes para escolherem uma vulnerabilidade e a transformarem em uma capacidade. Para fazer isso de forma correta, você deve:

- Ser diplomaticamente honesto, não brutalmente honesto.
- Ser original e autêntico.
- Escolher uma vulnerabilidade que não esteja relacionada às competências-chave para o cargo para o qual você está sendo entrevistado.
- Lembre-se de que mesmo os melhores funcionários têm vulnerabilidades: *não* responda a essa pergunta dizendo que você não tem vulnerabilidade alguma.
- Selecione uma vulnerabilidade que o entrevistador possa já ter notado durante a entrevista.
- Considere escolher um exemplo que mostre humor e que você é humano. Apenas certifique-se de que você não é a única pessoa que ache isso engraçado.

O que é déficit de competência?

Uma competência que você não consiga comprovar ou que você não tenha.

Como você pode responder a perguntas a respeito desses déficits?

- Fale sobre como você compensou esse déficit de competência, usando sua característica positiva em outra competência.
- Reconheça o déficit de competência e explique ao entrevistador que medidas você tomou para superar isso (por exemplo, matriculando-se para uma aula ou um projeto voluntário ou pedindo para participar de um projeto relevante no trabalho).

Quais são outras dicas básicas que você deve saber para se sair bem na entrevista?

- Reconheça que o candidato mais bem-qualificado nem sempre recebe a oferta.
- Marque entrevistas para os cargos em que estiver mais interessado depois de ter feito algumas e souber que está dominando bem a entrevista.
- Os primeiros minutos de uma entrevista são os mais importantes. Faça tudo o que puder para criar uma boa primeira impressão.
- Use roupas que sejam consideradas conservadoras para sua área profissional ou ramo.
- Não anote nada durante a entrevista. Faça isso depois, de modo a poder escrever notas de agradecimento mais efetivas.
- Planeje chegar para a entrevista de cinco a dez minutos antes.
- Mantenha contato visual educado durante a entrevista.
- Seja profissional e discreto quando falar sobre empregadores anteriores ou atuais.
- Coloque quaisquer perguntas ilegais ou inapropriadas no contexto; considere a necessidade subjacente do entrevistador para fazer a pergunta.
- O entrevistador tomará decisões baseado em sua percepção de você como candidato.
- Fale a verdade, mas seja diplomático.
- Seu trabalho é vender a si mesmo.
- A preparação é extremamente importante — se você quiser receber uma oferta.

Revisão parcial

Para garantir que você esteja pronto para a entrevista, eis uma lista de verificação útil de todos os pontos principais discutidos nos primeiros sete capítulos deste livro. Nos quadros oferecidos, escreva o(s) número(s) da(s) página(s) em questão e a data em que completou cada "lição".

Passo 1: Compreenda os métodos de entrevista com foco em competências

Perguntas-chave e tarefas	Página de referência	Data em que foi completada
Saiba como uma entrevista com foco em competências é diferente de outras entrevistas.		

Perguntas-chave e tarefas	Página de referência	Data em que foi completada
Analise a informação sobre o processo de entrevista comportamental com foco em competências. Comece por pensar em como seu próprio comportamento contribuiu para seu sucesso no passado.		
Lembre-se de que o processo de entrevista comportamental se baseia na teoria de que o comportamento passado é o melhor indicador do comportamento futuro.		

Passo 2: Identifique a lista de competências corretas

Perguntas-chave e tarefas	Página de referência	Data em que foi completada
Analise o anúncio de emprego, procurando competências. Elas podem estar listadas diretamente como competências ou como fatores, dimensões ou valores de sucesso. Peça uma descrição de cargo a um recrutador e veja se a empresa identificou competências como parte dessa descrição.		

Perguntas-chave e tarefas	Página de referência	Data em que foi completada
Se as competências não estiverem claramente identificadas no anúncio ou descrição do emprego, siga esses quatro passos básicos para desenvolver sua própria lista: 1. Pense nas competências óbvias para a posição. 2. Examine os anúncios de emprego e postagens eletrônicas dos concorrentes. 3. Confira competências de outras fontes, como sites de emprego, anúncios de jornal, revistas e periódicos, associações profissionais e o próprio site da empresa. 4. Selecione de 10 a 15 competências que seriam as fundamentais no Apêndice A. Quando pesquisar competências para o cargo, lembre-se de que o modelo de entrevista com foco em competências sempre considera as necessidades do empregador em primeiro lugar. Sua tarefa é pensar em como suas competências se enquadram naquilo que o empregador procura.		

Perguntas-chave e tarefas	Página de referência	Data em que foi completada
As dez competências clássicas usadas pelas organizações são: 1. Orientação para realizações/resultados. 2. Iniciativa. 3. Impacto e influência. 4. Orientação para o atendimento ao cliente. 5. Compreensão interpessoal. 6. Consciência organizacional. 7. Raciocínio analítico. 8. Raciocínio conceitual. 9. Busca de informações. 10. Integridade. Esta lista é apenas um ponto de partida. As competências para uma empresa específica podem ser muito diferentes, com base em sua cultura e objetivos. Lembre-se, também, que elas podem mudar conforme a situação ou a cultura da empresa mudem.		

Passo 3: Compreenda as necessidades do empregador e do entrevistador

Perguntas-chave e tarefas	Página de referência	Data em que foi completada
Lembre-se de que todos os entrevistadores buscam o melhor candidato para o cargo. Você pode ajudar o entrevistador fornecendo informações que o apontam como um candidato consistente.		
Comece a pensar em como você pode provar para o entrevistador que é capaz considerando essas perguntas: • Você é capaz de realizar o trabalho? • Você realizará o trabalho? • O quanto você se harmonizará com as pessoas e a cultura da empresa?		
Para cada competência que você identificou como importante para o cargo, esteja preparado para falar sobre três elementos principais em seus exemplos: • Situação/Tarefa/Problema. • Ação. • Resultado. Comece a se preparar para a entrevista definindo esses elementos para cada competência que você queira demonstrar.		

Perguntas-chave e tarefas	Página de referência	Data em que foi completada
Embora os entrevistadores sejam treinados para evitar fazer perguntas ilegais, isso ainda acontece. Esteja preparado para responder a estas perguntas. (Uma "pergunta ilegal" aborda seu status em uma classe protegida por lei, como raça, sexo, idade, religião, incapacidade, status de veterano, cor e etnia/país de origem.)		
Tente compreender a real motivação do entrevistador para fazer a pergunta e responda de acordo com a necessidade comercial subjacente que ela reflete. Não leve para o lado pessoal e não se aborreça.		
À medida que você desenvolver suas respostas às perguntas esperadas para a entrevista, pode ser proveitoso lembrar que cada vez mais empresas utilizam as entrevistas com foco em competências por três razões principais:		
1. As entrevistas com foco em competências reduzem as chances de um entrevistador fazer uma pergunta ilegal.		

Perguntas-chave e tarefas	Página de referência	Data em que foi completada
2. As entrevistas com foco em competências ajudam o entrevistador a selecionar candidatos com as competências que a empresa precisa para ser bem-sucedida.		
3. As entrevistas com foco em competências ajudam as organizações a reforçar e fortalecer sua cultura corporativa.		

Passo 4: Prepare-se para responder a perguntas de entrevistas com foco em competências

Perguntas-chave e tarefas	Página de referência	Data em que foi completada
As competências fornecem ao entrevistador um alvo para perguntas comportamentais. Para ser um candidato bem-sucedido, você precisa focar no mesmo alvo: competências.		

Perguntas-chave e tarefas	Página de referência	Data em que foi completada
Refine suas respostas às perguntas que você espera da entrevista. As respostas a perguntas comportamentais com foco em competências requerem exemplos de comportamento e experiência passados que ajudem o entrevistador a avaliar o quanto você é consistente nas áreas de competências-chave necessárias para ser bem-sucedido no emprego.		
Para se preparar para uma entrevista com foco em competências: • Identifique as competências-chave para o cargo. • Pense em suas realizações mais consistentes em cada área de competência. • Estruture suas realizações, usando a estrutura situação/tarefa/problema, ação e resultado (SAR). • Seja conciso e completo e use linguagem coloquial em seus exemplos. Utilize terminologia profissional que reflita a cultura da organização quando apropriado.		

Perguntas-chave e tarefas	Página de referência	Data em que foi completada
Pense em seus exemplos pela perspectiva do entrevistador e seja capaz de reestruturar suas respostas adequadamente. Por exemplo, se seu entrevistador for focado em resultados, comece com o componente "resultados" de sua resposta, seguido da informação sobre a situação e, depois, suas ações. Apresente primeiramente aquilo que for fundamental para o empregador.		
Reveja os pontos a seguir quando estiver preparando suas respostas para a entrevista com foco em competências. • Ouça atentamente; responda à pergunta que é feita. • Responda usando uma linguagem coloquial, porém profissional. Mantenha a positividade. • Esteja preparado para responder a perguntas complementares para fornecer detalhes extras ou informações relativas às competências. • Esteja preparado para fornecer informações que confirmem seu argumento e que vão além de sua resposta inicial.		

Passo 5: Comprove suas competências com exemplos

Perguntas-chave e tarefas	Página de referência	Data em que foi completada
As respostas de sua entrevista devem sempre refletir dois pontos-chave: • A modéstia jamais é uma virtude em uma entrevista. • Ser evasivo e vago pode funcionar para políticos, mas raramente ajuda em uma entrevista.		
Refine suas respostas SAR para se certificar de estar usando os melhores exemplos de sua experiência pessoal para demonstrar sua consistência nas competências relevantes para o emprego. *Dica: Se você tiver dificuldade de encontrar exemplos consistentes, pergunte a mentores, colegas, gerentes, familiares e amigos por situações em que você demonstrou competências específicas.*		

Perguntas-chave e tarefas	Página de referência	Data em que foi completada
Em entrevistas com foco em competências, as boas respostas: • Explicam o modelo SAR (situação, ação e resultado) em detalhes suficientes para que o entrevistador entenda sobre o que o entrevistado está falando, mas não com tantos detalhes a ponto de o entrevistador perder a ideia principal. • Concentram-se no que for fundamental para o entrevistador. • Enfatizam o ponto mais importante ou relevante, falando sobre ele em primeiro lugar. • Usam linguagem coloquial e casual, e não uma linguagem formal ou afetada, e incluem terminologia profissional quando apropriado. • Mostram que você é um funcionário esperto e sagaz. • Evitam empreendimentos controversos e sempre se concentram nas competências necessárias para obter êxito na empresa e no cargo.		

Perguntas-chave e tarefas	Página de referência	Data em que foi completada
Sugestões adicionais para preparar respostas consistentes com foco em competências: • Seja direto em suas respostas. • Fale primeiramente sobre o que mais importa para o entrevistador. • Apresente-se de maneira positiva. Evite exemplos que façam você parecer uma vítima ou alguém que pense negativamente. Assuma a autoria de tudo o que era sua responsabilidade e não tente jogar a culpa sobre os outros, mesmo que eles a mereçam. • Responda às perguntas sobre fracassos ou erros explicando o que você aprendeu com a experiência que o tornará mais bem-sucedido no futuro. • Pense em suas realizações pela perspectiva de diferentes competências. Quase toda situação ilustra mais do que uma competência, dependendo de qual parte do trabalho seja enfatizada.		

Perguntas-chave e tarefas	Página de referência	Data em que foi completada
• Se você estiver bem-preparado, deve ser capaz de responder à maioria das perguntas do entrevistador, se não a todas. Se precisar pensar sobre perguntas com as quais não contava (o que deve acontecer apenas uma ou duas vezes), junte seus pensamentos de forma a oferecer uma resposta ponderada.		
• Ensaie suas respostas. Encontre alguém que seja um instrutor, gestor de carreira ou um profissional de recursos humanos para ajudá-lo a ajustar suas respostas às perguntas mais prováveis. Certifique-se de que a pessoa que você escolher entenda do processo de entrevista com foco em competências.		

Passo 6: Use boa comunicação não verbal e apresente-se como um candidato consistente

Perguntas-chave e tarefas	Página de referência	Data em que foi completada
Ações dizem mais que palavras. Para ser percebido como um candidato consistente, você precisa parecer e agir como tal. Concentre-se não apenas naquilo que diz, mas em como o diz — da mesma forma como seu entrevistador o fará. Pense nas competências exigidas para seu cargo-alvo e nos sinais não verbais que o entrevistador procura para cada competência. Lembre-se: a comunicação não verbal é todo tipo de comunicação, exceto as palavras que você usa.		
Para obter êxito em uma entrevista, além de respostas com foco em competências consistentes, você precisa: • Vestir-se apropriadamente. • Comportar-se apropriadamente. • Manter bom contato visual. • Ter um aperto de mão firme. • Usar os gestos corretos. • Sorrir nas ocasiões certas. • Respeitar o espaço pessoal de seu entrevistador.		

Perguntas-chave e tarefas	Página de referência	Data em que foi completada
• Reagir à comunicação não verbal de seu entrevistador. • Evitar passar mensagens contraditórias (nas quais sua comunicação não verbal contradiga suas palavras). • Dar suas respostas de forma organizada. • Conversar com o entrevistador de forma casual. Lembre-se, também, de falar claramente e colocar um pouco de energia em sua voz. Certifique-se de que o entrevistador consiga ouvi-lo, mas tome cuidado para não gritar.		
Sinais não verbais diferem, dependendo do país e da cultura nos quais você seja entrevistado. Antes de ser entrevistado em outro país, pesquise os costumes e as práticas comuns de negócio para compreender qual tipo de comunicação não verbal possa ser esperado em uma entrevista.		
A honestidade é, claro, essencial em qualquer entrevista. Entretanto, existe uma clara diferença entre ser brutalmente honesto e diplomaticamente honesto. Sempre tente colocar a melhor perspectiva em suas palavras, ao mesmo tempo em que se mantém sincero.		

Perguntas-chave e tarefas	Página de referência	Data em que foi completada
Quando sua comunicação não verbal contradisser sua comunicação verbal, o entrevistador acreditará na mensagem não verbal. Evite passar mensagens contraditórias.		
Sempre se apresente com a melhor aparência no dia da entrevista. Perca peso, compre uma roupa nova e corte o cabelo, se precisar. Se precisar orientação em relação à sua aparência, peça-a ao profissional mais refinado que conhecer.		

Passo 7: Lembre-se de outras dicas para entrevista

Perguntas-chave e tarefas	Página de referência	Data em que foi completada
Quando você achar que está pronto, prepare-se um pouco mais.		
Esteja preparado para responder a estas quatro perguntas comuns em entrevistas: 1. Por que você está interessado nesse cargo? Concentre-se em como sua experiência e seus interesses correspondem às necessidades da empresa.		

Perguntas-chave e tarefas	Página de referência	Data em que foi completada
2. Fale-me de você. Foque em sua experiência de trabalho, salientando evidências de competências para sua posição-alvo. 3. Quais são suas maiores capacidades? Foque na competência que seja mais importante para o empregador (forneça dois ou mais exemplos, se lhe for pedido). 4. Qual é sua maior vulnerabilidade? Foque em uma vulnerabilidade que não seja uma competência fundamental para a posição. Seja diplomático. Se uma vulnerabilidade já ficou evidente na entrevista (por exemplo, se você não for tão conciso quanto poderia), use essa como seu exemplo.		
Esteja preparado para discutir quaisquer déficits de competência — competências que você não consiga comprovar ou que não sejam suas melhores capacidades. Fale sobre como você compensa o déficit usando suas capacidades em outra competência. Ou fale sobre o que tem feito ou planeja fazer para eliminar esse déficit de competência.		

Perguntas-chave e tarefas	Página de referência	Data em que foi completada
Compreenda estas verdades básicas sobre ser entrevistado: • O candidato mais bem-qualificado nem sempre consegue o emprego. • Marque as entrevistas para os empregos em que você esteja realmente interessado depois de ter tido alguns ensaios para empregos em que você esteja menos interessado. • Os primeiros cinco minutos da entrevista são os mais importantes. • Leve uma agenda ou bloco de notas, mas não use durante a entrevista. Use depois, para fazer notas rápidas para usar em suas notas de agradecimento. • Planeje chegar cerca de cinco minutos mais cedo para uma entrevista. Se você chegar antes, pode causar inconvenientes para o entrevistador, que tem seus próprios horários para seguir. • Quando responder ao pedido "Fale-me de você" restrinja sua resposta a cerca de dois minutos. • Mantenha bom contato visual durante a entrevista — mas não encare o entrevistador.		

Perguntas-chave e tarefas	Página de referência	Data em que foi completada
• Se lhe for perguntado sobre seus supervisores ou empregadores anteriores ou atuais, seja diplomaticamente honesto e não fale sobre eles de forma negativa. • Se o entrevistador fizer uma pergunta ilegal, você deve, ainda assim, responder, mas tente determinar a razão subjacente para a pergunta antes de dar uma resposta. Responda à necessidade empresarial subjacente.		
• Seja tão claro quanto possível em suas respostas e em sua comunicação não verbal, porque a percepção do entrevistador é a base para determinar quem será contratado. Faça seu desempenho no trabalho parecer tão apropriado quanto possível, mas não exagere suas realizações e não minta. Seu único trabalho na entrevista é vender a si mesmo, o que leva ao ponto seguinte: **Preparar-se para a entrevista é o melhor uso que você pode fazer de seu tempo se quiser ser percebido como um candidato sério para o emprego.**		

8. Examine estudos de caso para tornar sua entrevista mais persuasiva

Se vi mais longe que as outras pessoas, foi por me manter de pé sobre os ombros de gigantes.

— Sir Isaac Newton

Mostrei como se preparar para entrevistas com foco em competências nos capítulos anteriores, mas há também lições importantes que você pode aprender pela experiência de outras pessoas com essas entrevistas. Leia na íntegra os estudos de caso incluídos neste capítulo e procure exemplos que o façam lembrar de seus próprios problemas ou questões. Escolhi-os cuidadosamente para lhe oferecer uma oportunidade de ver como lidei com algumas questões problemáticas durante minha sessão de treinamento para ajudar os candidatos a se prepararem para suas entrevistas — entrevistas com foco em competências e entrevistas mais tradicionais. Temos questões em nossas formações ou em nossos currículos difíceis de explicar em uma entrevista e que podem até nos colocar em problemas com o entrevistador. Examinando esses estudos de caso, você verá exemplos de como lidar com esses tipos de questões e tornar as áreas de vulnerabilidade do candidato menos óbvias.

Acredito que você seja excelente, mas sei que, talvez, precise ser lembrado desse fato. Você precisa se sentir bem em relação à sua própria competência para ir bem em qualquer entrevista. Se não tem esse tipo de confiança, talvez tenha trabalhado para um gerente com uma personalidade diferente da sua, ou um que não via suas capacidades ou mesmo as percebia de maneira negativa. Em uma ocasião, em minha própria carreira, trabalhei para um gerente de recursos humanos que me disse que eu escrevia muito mal. O estilo dele simplesmente era diferente do meu — por exemplo, ele acreditava em começar memorandos com frases como "Em anexo, por favor, encontre...". Agora que escrevi três livros, tenho provas que fariam com que hoje ele tivesse dificuldade em fazer essa afirmação. Você precisa mostrar ao entrevistador o quanto realmente é consistente antes, durante e depois da entrevista. Você consegue fazer isso!

Agora conheça as pessoas em nossos estudos de caso:

- Jessica Gramm, advogada que trabalha para um prestigioso escritório de advocacia e que queria trabalhar como advogada corporativa interna.
- Jack Blocker, vice-presidente de recursos humanos que perdeu o emprego.
- Dan Marrs, gerente de tecnologia da informação que queria uma promoção em sua empresa atual.

- Michael Blakeley, estudante universitário do último ano de graduação com mínima experiência de trabalho, procurando seu primeiro emprego.

Todos tinham potencial e questões que poderiam fazer com que o entrevistador os desconsiderasse para o cargo. Você talvez possa ter questões semelhantes em sua experiência.

Estudo de caso: advogada

SITUAÇÃO

Jessica Gramm trabalhara como advogada de litígio para duas importantes empresas de advocacia de Nova York e do Texas e se especializou em negociar casos de litígio geral e de danos causados por substâncias tóxicas. Ela se graduara entre os melhores da turma em uma faculdade de direito em Luisiana reconhecida em todo o país e tinha oito anos de experiência. Ela me disse que desejava trabalhar como consultora interna em uma companhia química ou de petróleo e gás. Para Jessica, os benefícios de trabalhar internamente incluíam:

- Mais colaboração e menos competição direta interna com outros advogados.
- A chance de fazer um trabalho mais preventivo, oferecendo orientação apropriada e treinando gerentes.
- Menos ênfase em marketing, cobrar por hora e conseguir novos clientes.
- Nenhuma preocupação em se tornar sócia.

Quando a conheci, ela me disse que tentara, nos últimos dois anos, fazer a transição de trabalhar como associada em um escritório de advocacia para ser consultora interna. Embora tivesse feito entrevistas em algumas empresas, ela não havia recebido nenhuma oferta.

AÇÃO
Primeiro, trabalhei intimamente com Jessica para desenvolver um currículo com foco em competências para substituir o currículo padrão e mais tradicional dela. Conforme muitos advogados fazem, ela usava um currículo que cobria suas qualificações, coeficiente de rendimento escolar e os fatos básicos, sem fornecer quaisquer detalhes de suas realizações. Primeiro, analisamos um anúncio para um emprego como assessor jurídico interno em uma das maiores companhias de petróleo e gás que usa competências para ajudar a administrar seus recursos humanos. Determinamos que as competências-chave para a posição provavelmente incluiriam:

- Orientação para resultados.
- Impacto e influência.
- Atendimento ao cliente.
- Capacidade analítica.
- Agilidade estratégica.
- Orientação para a equipe.

Pedi que ela pensasse nessas competências e me dissesse uma ocasião em que tivesse realizado um trabalho de alto nível para fornecer evidências de que ela era consistente em cada área de competência. Jessica, que sempre fora uma boa estudante, levou seu dever de casa a sério e tinha os exemplos prontos na próxima vez em que nos encontramos. Nós, então, trabalhamos juntas para desenvolver declarações de realizações efetivas para seu currículo, visando as competências-chave. Eis três das declarações de realizações que usamos, com a competência ou competências que cada uma ilustrava em parênteses ao final:

- Arguiu e venceu duas petições jurídicas do capítulo 95 (do Texas Civil Practices & Remedies Code, que versa sobre as responsabilidades legais do proprietário por atos de prestadores independentes de serviços) para julgamento sumário em casos de danos por substâncias tóxicas com um técnico em tubulações e um técnico de isolamento como pleiteantes ante um juiz distrital estatal, 2003-2004 (**Orientação para resultados**).
- Persuadiu um associado que atuava como advogado principal em um julgamento a evitar usar uma testemunha que demonstrava problemas de memória e ficava cada vez mais nervosa no dia anterior ao testemunho agendado (**Impacto e Influência**).
- Garantiu a credibilidade da profissional de recursos humanos como testemunha, conduzindo-a por perguntas diretas e um interrogatório cruzado simulado para ajudá-la a saber o que esperar; reconhecida por contribuir para um veredicto bem-sucedido ao dar apoio à testemunha que teve dificuldades consideráveis no julgamento anterior (**Orientação para resultados e Atendimento ao cliente**).

Quando havíamos pensado em declarações verossímeis com foco nas realizações, trabalhamos na seção de resumo e completamos o currículo. Em uma semana, Jessica ligou para me informar que tinha sido selecionada para uma entrevista para o cargo de advogada interna na principal companhia de petróleo e gás. Ela reconheceu que as entrevistas nos escritórios de advocacia eram muito diferentes das entrevistas a que se submetera nas corporações e que ela também entendia por que não recebera uma oferta no passado. Claramente, era hora de tentar uma estratégia diferente.

Eu sabia que a empresa em que ela estava interessada trabalhava com competências e lhe disse para contar com uma entrevista com foco em competências típica usando perguntas comportamentais visando essas competências. Parte do trabalho que fizemos ao organizar seu currículo de fato a ajudou a compreender o modelo com foco em competências para entrevista. Repassamos uma série de perguntas visando as seis competências-chave que havíamos identificado. Pedi que ela me desse alguns exemplos de ocasiões em que:

- Alcançou resultados positivos.
- Persuadiu alguém a fazer algo que beneficiou um cliente.
- Fez além do que se poderia esperar para ajudar um cliente.
- Usou sua capacidade analítica para beneficiar um cliente.
- Desenvolveu uma estratégia jurídica correta.
- Trabalhou bem com uma equipe.

Como muitos advogados, Jessica é articulada, mas precisava refinar seu estilo para responder bem a esse tipo de perguntas. Ela tendia a dar respostas muito gerais e parecia ficar na defensiva em relação ao que compartilhar. Muitos advogados consideram seu trabalho como confidencial, mas, quando se recusam a fornecer detalhes durante entrevistas, os entrevistadores os veem como menos confiáveis. Então, o fator decisivo para o entrevistado-advogado é descobrir quais casos e detalhes *podem* ser discutidos, como casos que sejam questão de domínio público ou não mais confidenciais. Treinei-a para ser mais específica e dar a informação necessária para evidenciar aos entrevistadores que ela era consistente nas competências necessárias para ser bem-sucedida no papel de assessora jurídica interna. Também expliquei o quanto é importante se lembrar de incluir os fundamentos — lembre-se, SAR — em cada resposta:

- A situação ou problema.
- A ação que você tomou.
- O resultado (como isso beneficiou a organização ou o cliente).

Resultado
Jessica se saiu tão bem em sua primeira entrevista que recebeu uma oferta. Mesmo com o treinamento, não é comum que alguém se saia tão bem em sua primeira entrevista — a maioria de nós precisa de mais prática. Ela ligou depois da entrevista para me contar que os entrevistadores lhe fizeram as seguintes perguntas:

- Fale de uma ocasião em que você usou de seu julgamento para persuadir um associado ou superior hierárquico a tomar uma decisão diferente em um caso.

- Fale-me de uma situação em que você usou uma análise litigiosa complexa em um caso — qual foi o resultado?
- Você já usou uma estratégia litigiosa? Descreva um caso em que usou uma estratégia litigiosa para ajudá-la a administrar o caso e nos fale das etapas por que passou para determinar a estratégia contenciosa certa para usar. O que aconteceu?
- Fale-nos de uma ocasião em que você teve que lidar com uma questão difícil com um funcionário. Como você lidou com isso? O que aconteceu?
- Descreva uma situação em que teve que lidar com um cliente difícil. Como você administrou a situação?
- Fale-nos de uma ocasião em que usou suas capacidades e conhecimento para ajudar a equipe. Qual foi seu papel? Qual foi o resultado ou consequência de sua contribuição?

Veja se consegue descobrir quais competências os entrevistadores estavam visando com cada pergunta. Examine o Apêndice B para minhas respostas.

Estudo de caso: vice-presidente de recursos humanos

Situação
Jack Blocker tinha um MBA da Universidade de Michigan e havia completado outro dois anos antes pelo programa on-line da Universidade de Phoenix. Ele trabalhara como vice-presidente de recursos humanos para duas empresas de porte médio e tinha experiência de 30 anos em recursos

humanos. Embora tivesse adquirido grande experiência em seu posto anterior, Jack sabia que estava sem prática em entrevistas — ou pelo menos em se sair bem nelas. Sua última empresa fora recentemente adquirida por uma concorrente, e Jack fazia algum trabalho de consultoria e procurava pela próxima oportunidade havia cerca de seis meses quando nos conhecemos. Ele me disse: "Em todos os anos que tenho trabalhado, jamais fui tratado da forma como fui por aquele último diretor executivo."

AÇÃO
A primeira coisa sobre a qual Jack e eu passamos algum tempo conversando foi sua raiva e frustração. Tomei a decisão de que Jack seria capaz de lidar com meu comentário: "Acho que você tem sorte. A maioria das pessoas não pode dizer que trabalhou 30 anos e nunca foi maltratada." Ele entendeu minha ideia, me agradeceu e me disse que sabia que eu estava certa. Se *você* está zangado por causa do que quer que seja, saiba que isso será transmitido para o entrevistador e *prejudicará* suas chances de ser escolhido para o cargo. Mesmo que você ache que é astuto o suficiente para ocultar a raiva, ela provavelmente surgirá durante a entrevista. Antes de poder se sair bem, você precisa fazer o possível para resolver a raiva — talvez até mesmo consultar um profissional de saúde mental para obter alguma ajuda nessa área.

Muito embora Jack tivesse trabalhado em recursos humanos, trabalhara para empresas que não eram de ponta. A última não usava o processo de entrevista com foco em competências, então, quando começamos a falar sobre isso pela primeira vez, ele reconheceu que tinha algumas coisas para aprender. Ele lera sobre competências e fora treinado sobre como usar o processo de entrevista comportamental. Reconheceu que, no mercado de trabalho atual, ele precisava saber como se preparar para uma entrevista com foco em competências para ter oportunidades em todos os tipos de empresa.

Examinamos alguns anúncios on-line e conversamos sobre o que é necessário para ser bem-sucedido em um cargo de recursos humanos de alto nível. Jack decidiu concentrar seu treinamento nessas competências:

- Orientação para resultados.
- Influência.
- Foco no cliente.
- Construção de parcerias e relacionamentos comerciais e equipes de negócios.
- Consultor.
- Consciência, agilidade e sagacidade organizacionais.
- Dá feedback.
- Compreensão dos objetivos do negócio.
- *Expertise* em recursos humanos.

RESULTADO

Jack decidiu trabalhar parte de sua raiva com uma profissional de saúde mental. Naquele momento, tinha uma atitude mais positiva, determinada, e não era uma vítima usando linguagem de vítima. Ele estava falando de uma maneira que mostrava estar assumindo responsabilidade pelo que acontecera. É perfeitamente normal ficar zangado quando as coisas não dão certo entre você e um empregador, mas não pode permitir-se o luxo de permanecer zangado — particularmente se espera que outra pessoa o contrate. Exatamente como Jack fez, você precisa lidar com as questões e deixar de ficar zangado antes que possa de fato ir em frente.

Jack continuou a fazer várias entrevistas nos três ou quatro meses seguintes e não limitou sua pesquisa de emprego a companhias manufatureiras, muito embora essa fosse sua trajetória profissional. Ele acabou recebendo uma oferta de emprego para ser diretor de recursos humanos em uma prestadora de serviços para o governo em Washington, na área metropolitana do distrito de Colúmbia. Em áreas profissionais como a de recursos humanos, normalmente é mais fácil mudar de ramo — como Jack fez —, porque grande parte do trabalho técnico permanece a mesma, mas você sempre terá uma vantagem, se tiver experiência naquela mesma área.

Durante a entrevista na prestadora de serviços para o governo, o diretor executivo e o presidente da empresa fizeram a Jack as seguintes perguntas e deram estas instruções:

- Descreva uma ocasião em que teve que trabalhar de forma especialmente intensa para conseguir um bom resultado. O que você fez?
- Fale-nos de uma ocasião em que teve que influenciar um grupo de pessoas para conseguir liderá-los efetivamente.
- Quando você começou com seu empregador atual, o que fez para aprender assuntos específicos sobre o ramo para ser eficaz em recursos humanos? Como decidiu o que era especialmente importante?
- Fale-nos a respeito de uma das parcerias comerciais mais produtivas em cuja construção você esteve envolvido. O que fez para ajudá-la a ser tão produ-

tiva? Você precisou superar quaisquer obstáculos? Descreva o que aconteceu.
- Você já tentou introduzir novas ideias ou programas em sua empresa? Se o fez, fale-nos sobre o programa e descreva as medidas que tomou para conquistar a aceitação das pessoas.
- Fale-nos de uma ocasião em que cometeu um erro. O que aprendeu com isso?

Estudo de caso: diretor, tecnologia da informação

SITUAÇÃO
Dan Marrs era gerente de desenvolvimento de produto de tecnologia da informação que trabalhava para a American Express em St. Louis. Encontrei-o pela primeira vez dois anos atrás quando se tornou a primeira pessoa de uma empresa com foco em competências a me pedir para ajudá-lo a desenvolver um currículo com foco em competências. Na ocasião, eu estava nos estágios iniciais do livro *Manual de entrevistas*. Dan queria permanecer na American Express — e queria uma promoção. Ele sabia que um currículo com foco em competências visando as competências-chave para oportunidades de promoção ajudaria a melhorar a probabilidade de ser selecionado para uma entrevista. Ele veio a mim com uma lista de competências para o cargo para o qual queria se candidatar na American Express:

- Cria soluções inovadoras.
- Raciocina analiticamente.
- Age estrategicamente e globalmente.
- Controla os resultados.

- Excede as expectativas do cliente.
- Assume riscos.
- Age de forma decisiva.
- Colabora e influencia os demais.
- Demonstra integridade.
- Trata as pessoas com respeito.
- Administra o desempenho.
- Desenvolve as pessoas.
- Administra a mudança.

Dan usou um currículo com foco em competências para se candidatar a algumas posições na companhia. (O currículo que desenvolvemos está nas páginas 80 a 85 do *Manual de currículos*.)

Ação
Dan sabia que, muito embora ele fosse um candidato consistente, outros candidatos na American Express estariam igualmente bem qualificados para os cargos em que ele estava interessado. Ele sabia que não poderia ter nada como certo. Quando uma entrevista foi agendada, pediu ajuda para se preparar o máximo possível. Focamos na lista de competências que ele sabia serem importantes para ser bem-sucedido no cargo para o qual ia ser entrevistado. Candidatos que tenham escrito um currículo com foco em competências terão mais facilidade para se preparar para uma entrevista com foco em competências, porque já passaram algum tempo pensando em coisas que fizeram que comprovam que são consistentes em cada área de competência.

Primeiro, pedi a Dan que pensasse em suas realizações em cada competência e escolhesse dois ou três exemplos em cada área. Lembrei-o de que precisaria ser capaz de explicar a situação ou problema, a atitude que tomou e o resultado da ação — o benefício para a equipe ou para a empresa. Ouvi suas respostas e o treinei para ser:

- Estratégico com os exemplos que escolheu.
- Conciso e convincente com a linguagem que usou.
- Profissional, ainda que acessível, em sua comunicação não verbal.

RESULTADO
Ele fez a entrevista, se saiu bem, e acabou recebendo a promoção.

Na maioria dos casos, os candidatos se saem melhor na segunda ou terceira entrevista do que na primeira. Se o candidato teve um longo período sem participar de entrevistas, a primeira ajuda a prepará-lo para outras, mais importantes. Dan foi entrevistado primeiro para outro cargo na empresa, e quase foi selecionado.

Quando descobriu que outro candidato fora escolhido, falou com os gerentes-chave e pediu sugestões confidenciais sobre o que poderia fazer para melhorar como candidato. Eles disseram que ele não fora escolhido para o cargo porque não tinha experiência em gerenciar mais do que uma pessoa e que o outro candidato tinha. Dan, de fato, administrara um grupo de seis funcionários, mas isso foi antes de trabalhar para a American Express. Em vez de discutir isso, tomou medidas para oficialmente orientar funcionários e procurou de forma atuante oportunidades para gerenciar equipes na empresa. Ele se manteve profissional e continuou a trabalhar duro. Dan também recebeu feedback de que os entrevistadores o avaliaram principalmente quanto ao que ele disse na entrevista. Ele trabalhara diretamente com a maioria dos membros da equipe de entrevista e se sentiu confortável com o fato de que eles sabiam o que ele realizara e aquilo que era capaz de realizar no futuro. Na primeira entrevista, não forneceu à equipe de entrevistadores exemplos que realmente demonstrassem suas competências, porque assumiu que eles já conheciam seu trabalho nesses projetos.

Antes da segunda entrevista, Dan se preparou, pensando nas competências fundamentais para a posição — exatamente como havia feito para a primeira oportunidade. Além disso, ele fez um esforço consciente para responder às perguntas comportamentais com foco em competências com seus melhores exemplos e explicá-los. Ele não iria cometer novamente o mesmo erro de assumir que seus entrevistadores seriam capazes de considerar exemplos que ele não abordou diretamente Para várias das perguntas, ele disse que simplesmente "falou como se os entrevistadores não o conhecessem".

Eis algumas das perguntas (solicitações, na verdade) com que ele deparou:

- Fale-nos de uma situação em que teve que tomar várias ações durante um período de tempo e superou obstáculos para alcançar um objetivo comercial/empresarial do negócio.
- Descreva uma ocasião em que teve que identificar algumas questões-chave de modo a guiar um grupo em direção à decisão certa.
- Pense em uma ocasião em que teve muitos projetos desafiadores com diferentes prioridades para administrar. Fale-nos sobre isso.

Gerentes em corporações como a American Express normalmente recebem perguntas complementares para ajudá-los a sondar os candidatos em busca de informações adicionais. Dan sabia que poderia contar com perguntas complementares, então, analisou sua experiência e preparou para falar sobre qualquer estatística ou detalhe de um projeto que usasse como exemplo.

Ele estava preparado para ser promovido e demonstrou sua disposição de fazer o que lhe fosse possível para aceitar o feedback que recebera dos gerentes e continuar a melhorar seu desempenho no trabalho. Dan aprendeu pelo feedback que lhe fora dado e pensou seriamente a respeito de suas competências antes da próxima entrevista. Sem dúvida, estava preparado para a seguinte e obviamente se saiu bem. Ele recebeu a promoção e tornou-se diretor de TI na American Express.

Estudo de caso: recém-formado em Engenharia

SITUAÇÃO
Michael Blakeley se formou com bacharelado em engenharia elétrica na Universidade de Illinois, com seis disciplinas extras de engenharia de computação. Ele estudara com afinco e terminou com alto coeficiente de rendimento em um programa extremamente difícil de engenharia. Como muitos estudantes fazem, Michael achou que poderia se concentrar em suas aulas e conseguir boas notas. Ele não considerou que trabalhar como engenheiro de um programa de cooperação educacional ou um estágio durante as férias fosse tão importante. Então, em seus quatro anos na faculdade, trabalhara apenas em um verão para uma pequena manufatura em um subúrbio de Chicago. Michael

se inscrevera para várias entrevistas no campus universitário durante o semestre (agosto a dezembro) e descobrira que sua limitada experiência de trabalho o fazia menos provável de ser selecionado para entrevistas do que seus colegas de turma que participaram do programa de cooperação de engenharia da faculdade ou trabalharam nos programas de verão de estágio de engenharia desenvolvidos pelas maiores empresas dos Estados Unidos.

Ação
Quando comecei a trabalhar com ele, Michael estava ficando desencorajado. Ele aprendera da forma mais difícil que ter uma experiência substancial e relevante de trabalho, seja através de estágios formais, programas de cooperação ou simplesmente trabalhos de verão, faz diferença para os empregadores. Admiti que teria sido melhor se ele tivesse tido uma experiência de trabalho mais sólida naquela ocasião — mas era tarde demais para incentivá-lo a obter essa experiência durante seu último semestre na faculdade.

Quando conversei com ele, descobri que, muito embora não tivesse realizado os estágios formais de engenharia ou programas de cooperação educacional, havia feito algum trabalho configurando, programando e mantendo computadores para pequenas empresas, indivíduos e organizações sem fins lucrativos. Com isso em mente, trabalhamos juntos para reescrever seu currículo — no formato com foco em competências. Fiz perguntas sobre ocasiões em que ele demonstrara suas competências nessas áreas:

- Alcançou bons resultados.
- Mostrou iniciativa.
- Usou sua capacidade analítica.

Depois, examinamos alguns anúncios on-line para ver que outras empresas ofereciam programas de treinamento em engenharia de nível básico e outros cargos. Decidimos acrescentar:

- Atendimento ao cliente.
- Competências de engenharia e computação.
- Planejamento e organização.
- Busca de informações.

Trabalhando com essas sete competências, fui capaz de ajudá-lo a desenvolver um currículo funcional com foco em competências muito mais efetivo que incluía algumas realizações consistentes que o currículo tradicional não incluía. Em apenas dois exemplos, ele:

- Trabalhara em uma equipe que obteve o prêmio de melhor projeto de engenharia no departamento de engenharia mecânica em seu último ano na faculdade.
- Desenvolvera uma solução para um vírus particularmente difícil na rede de computadores para uma organização sem fins lucrativos que trabalha com pessoas desempregadas em St. Louis, Missouri.

Incentivei-o a continuar trabalhando com o setor de empregos e estágios da faculdade — mas, também, a começar a fazer uma busca com foco em competências por conta própria. Antes que pudesse efetivamente começar uma busca mais completa, entretanto, ele recebeu uma oferta de uma manufatura de médio porte para a qual seu tio trabalhava. O gerente de recursos humanos ofereceu-lhe um emprego de engenharia por contrato em uma de suas fábricas por um período de seis meses. Ele aceitou a oferta, muito embora eu o tivesse incentivado a continuar procurando por um cargo regular de horário integral, com benefícios, em uma empresa que oferecesse um bom programa de treinamento. Duas semanas depois, uma fábrica maior anunciou que planejava adquirir a empresa que lhe fizera a oferta. Pouco antes do Natal, disseram a Michael que eles teriam que rescindir o contrato. Michael sabia, quando me ligou, que era hora de fazer uma busca de emprego muito mais completa e rigorosa. Com sua graduação no passado, não tinha mais a distração de manter um bom coeficiente de rendimento que o impedisse se concentrar em procurar emprego.

Quando nos encontramos, no início de janeiro, começamos a trabalhar em uma lista de empresas e organizações-alvo. Em menos de uma hora, tínhamos trinta na lista. (É importante ver esse tipo de lista como um trabalho em progresso e estar ciente de organizações que poderiam ser acrescentadas.) Quando montamos sua lista, Michael me disse que visitara o gerente de recursos humanos de uma dessas empresas no hospital, com um de seus grupos voluntários na faculdade. Ele também conhecia gerentes-chave em cinco das organizações-alvo, porque eram amigos da família ou, em um caso, a mãe de amigos seus. E eu tinha contatos para ele em mais quatro das empresas. Então, sem ter que trabalhar ou pensar tanto assim, Michael descobriu que tinha contatos em dez das organizações para as quais ele achava que estaria interessado em trabalhar. Dei-lhe algumas ideias sobre o que dizer quando conversasse com seus contatos e como escolher palavras para e-mails e cartas de apresentação de modo que elas fossem mais focadas em competências.

Além disso, Michael ainda tinha acesso ao setor de empregos e estágios da faculdade e pôde se inscrever para entrevistas no semestre da primavera. Instrui-o a examinar a lista da faculdade e aproveitar qualquer ajuda que a universidade pudesse lhe oferecer. A outra coisa que Michael concordou em fazer na semana seguinte foi garantir que estivesse inscrito nos sites de anúncios de emprego, desde os tradicionais até os focados em profissões técnicas. Ele também aceitou verificar esses sites pelo menos duas vezes na semana, para checar se havia oportunidades para as quais gostaria de se candidatar.

RESULTADO

Ao final de janeiro, Michael já havia feito três entrevistas e esperava para ver se conseguiria uma oferta. Os entrevistadores fizeram-lhe perguntas com foco em competências, incluindo:

- Fale-me sobre uma tarefa na faculdade ou no trabalho em que precisou ter uma capacidade analítica consistente para se sair bem. Como você planejou e organizou o trabalho? Como decidiu de que informações precisaria?
- Você já trabalhou com um cliente difícil? Descreva o que aconteceu.
- Fale-me do projeto de engenharia ou informática mais difícil em que já trabalhou. Descreva que obstáculos encontrou e me diga como os superou.

Michael era um candidato muito bom e possuía uma capacidade de relacionamento interpessoal muito mais forte do que a maioria dos estudantes de engenharia de vinte e poucos anos. Na verdade, ele era visivelmente simpático — um recrutador que o conheceu o descreveu para mim como "encantador". Ele fora um estudante conscienciso, diligente, e me provou que estava disposto a levar a sério o projeto de busca de emprego e trabalhar cuidadosamente nele. Ele recebeu ofertas de duas das organizações e decidiu aceitar um cargo em um importante hospital no centro médico de Houston.

9. Entenda como se desenvolve uma típica entrevista com foco em competências

Em seu livro *Blink — A decisão num piscar de olhos*, Malcolm Gladwell declara que nós aprendemos através de exemplos pela experiência direta, porque existem limites reais para a adequação da instrução verbal. Neste capítulo, vou levar esse ponto de vista a sério e lhe dar um exemplo de como uma entrevista com foco em competências se desenvolve, do início ao fim. Afinal de contas, uma entrevista é uma conversa entre você e o(s) entrevistador(es). Para se sair bem, você precisa saber o que esperar. A maioria das entrevistas dura cerca de 30 a 40 minutos, a não ser que você seja entrevistado para uma posição mais alta em uma organização. Muitas empresas ainda conduzem várias entrevistas individuais com cada candidato, um entrevistador após o outro. A outra principal exceção para o controle de tempo necessário é quando você é entrevistado por uma comissão ou equipe: esses entrevistadores normalmente demoram mais e estão sendo usados mais frequentemente. A maioria das entrevistas pode ser dividida em três partes: introdução, desenvolvimento e conclusão. Falaremos sobre cada uma delas, e darei alguns exemplos específicos a fim de proporcionar melhor compreensão de como uma entrevista típica se desenrola.

É importante perceber que os entrevistadores têm diferentes níveis de competência na condução e avaliação das entrevistas.

ENTREVISTA — INTRODUÇÃO

No início da entrevista, o entrevistador normalmente o receberá na recepção, se apresentará, trocará um aperto de mão e o levará para o escritório ou para a sala de conferência. Reveja as sugestões no Capítulo 6 sobre como você pode ser visto como um candidato consistente desde o início pela sua capacidade de comunicação não verbal. Lembre-se de como é fundamental causar uma boa primeira impressão. Se você precisar assinar algum documento, fazer alguns testes ou completar quaisquer formulários de inscrição como parte do processo de entrevista, provavelmente vão lhe pedir para fazer essas coisas nesse momento também.

Embora cada organização faça entrevistas de forma ligeiramente diferente, não é incomum o entrevistador começar a conversa, quebrando o gelo com perguntas como:

- Você teve alguma dificuldade em encontrar o escritório?
- O que você acha da região?
- Gostaria de água ou café?

O entrevistador pode iniciar confirmando alguns fatos relacionados à sua experiência. Pode até mesmo lhe fazer perguntas sobre diplomas, datas ou antigos empregadores listados em seu currículo ou formulário de registro — apenas para confirmar detalhes ou esclarecer algo que não esteja claro. Pode também lhe falar do processo de entrevista da empresa e com quem você está agendado para conversar naquele dia.

ENTREVISTA — DESENVOLVIMENTO

Durante o desenvolvimento de uma entrevista com foco em competências, o entrevistador faz perguntas comportamentais estruturadas para ajudá-lo a determinar o quanto o candidato é consistente nas competências fundamentais para o sucesso no cargo. Normalmente, essas perguntas provêm de um guia de entrevistas aprovado pelos gerentes-chave da organização. Para ajudá-lo a ver como isso funciona, consulte o exemplo neste capítulo: um profissional de vendas de produtos e serviços financeiros procurando por outra oportunidade. Após cada resposta, incluí algumas dicas de treinamento para ajudá-lo a entender como ela poderia ter sido mais consistente. Por não podermos ver ou ouvir a comunicação não verbal do candidato, as dicas de treinamento estão limitadas às respostas propriamente ditas. No próximo capítulo, você terá a oportunidade de aprender com esses outros três profissionais: um gerente de projetos de TI, um consultor e um analista financeiro.

Leia na íntegra cada um desses segmentos atentamente. Anote as respostas que você achar que funcionam bem e aquelas que, em sua percepção, poderiam ser melhoradas. Pense em como você mesmo responderia a essas perguntas. Então, reveja as dicas de treinamento. Com sorte, você terá algumas ideias a respeito do que pode dizer e fazer para tornar sua próxima entrevista mais positiva e produtiva. Cada entrevistado é um forte candidato; na qualidade de entrevistadora, eu ficaria feliz de contratar qualquer um deles. Claro que eles também têm vulnerabilidades, coisas a trabalhar para serem mais efetivos. Meu conselho? Leia integralmente esses exemplos para obter dicas extras sobre o que você pode fazer para *fisgar* aquela próxima entrevista!

Profissional de vendas de produtos e serviços financeiros

P: Você pode me falar de um projeto que tinha um prazo pendente em que você trabalhou e de quais obstáculos encontrou?

R: Quando eu estava na Beneficial, trabalhei em um projeto de campanha automatizada de ofertas (telemarketing). O propósito era desenvolver um sistema automático para enviar ofertas de serviços e produtos para os clientes já existentes. A equipe tinha três meses para projetar, testar e implementar o sistema. O tempo era o maior obstáculo que tínhamos que superar. A equipe consistia de gerentes de filiais e gerentes assistentes que não queriam passar muito tempo longe de seus escritórios. Outro problema era fazer com que a equipe das filiais aceitasse a ideia do sistema automatizado.

Treinamento

- De modo geral, uma boa resposta.
- Essa resposta seria mais consistente se abordasse a questão subjacente a respeito de seus resultados diretamente. Sua equipe conseguiu realizar o projeto no prazo? Você teve o reconhecimento de sua gerência por ter completado o projeto a tempo ou abaixo do orçamento, ou pela qualidade do trabalho? Qual foi o resultado final do projeto?
- Conte com uma pergunta complementar, se você não abordou a questão óbvia de como superou as dificuldades em sua primeira resposta.

P: Como você superou esses obstáculos?
R: Desenvolvi um calendário semanal de tarefas. Cada membro da equipe era responsável por realizar suas tarefas a cada semana. Tínhamos uma conferência por telefone a cada duas semanas e nos reuníamos duas vezes por mês. Esse sistema permitiu que os gerentes pudessem ficar em seus escritórios. Para fazer com que a equipe aceitasse o

sistema, cada gerente pedia contribuições do membro mais antigo para o projeto, e dividíamos com nossas equipes como o sistema seria visualmente e como funcionaria, de modo que eles se sentissem parte do projeto.

Treinamento

- Bons detalhes. Essa resposta seria mais consistente, entretanto, se tivesse sumarizado seus argumentos principais em uma sentença com a ideia central no início da declaração. Por exemplo: "Realizei isso, empenhando todos os esforços para garantir que nossa equipe se comunicasse de forma efetiva e compreendesse suas tarefas e metas."
- Bom argumento sobre fazer a equipe aceitar o projeto. Trazendo isso à tona, você demonstrou que compreendeu como motivá-los.
- Esclareça seu papel. Você era um dos gerentes ou o membro sênior da equipe? Sua resposta não deixou isso claro.

P: Qual foi seu papel no projeto?
R: Garantir que nos mantivéssemos na tarefa e completássemos o projeto a tempo. Eu também ajudei com a elaboração das propostas.

Treinamento

- Essa resposta precisa de mais explicação, especialmente se isso foi perguntado antes da pergunta anterior.
- Mais detalhes o ajudariam a deixar seu papel mais claro. Você coordenava as conferências telefônicas?

P: Você pode pensar em uma ocasião em que estava abaixo de sua meta de vendas no meio do mês ou quando deixou de atingir totalmente a meta de vendas? O que você fez para melhorar seus números?

R: Quando trabalhei como consultor financeiro para a Fidelity, estávamos no meio de uma competição no escritório. Eu estava cerca de 10% abaixo de minha meta, e a competição ia terminar em cerca de 14 dias úteis. Repassei minha lista de clientes e revi planos financeiros anteriores para checar quais clientes estavam com suas análises financeiras pendentes ou se havia partes do plano que precisavam ser implementadas. Fiquei até mais tarde no escritório e contatei cada cliente para agendar um encontro para análise. Se meu cliente não pudesse marcar, eu solicitava que me indicasse alguém que eu pudesse contatar para agendar uma sessão de planejamento financeiro. Usar esse método permitiu fazer com que minha produção voltasse aos trilhos e terminei a competição entre os cinco melhores.

Treinamento

- Resposta muito boa, lógica, com alguns detalhes e especificidades que a tornam verossímil.
- Lembre-se de que suas respostas precisam ter um tom de conversa — a primeira parte dessa resposta é muito longa. Use sentenças mais curtas para evitar dominar a conversação ou simplesmente entediar o entrevistador.
- Você poderia ter fornecido ainda mais detalhes para demonstrar o quanto trabalhou arduamente para atingir a meta. Quantos clientes estavam na lista? Até que horas você ficava no escritório todas as noites? Tenha em mente que o que é tarde para uma pessoa nem sempre é tarde para outra.

P: Fale-me por que você tem sido bem-sucedido em vendas.

R: Eu desenvolvo um relacionamento com meus clientes com base em confiança e respeito. Tento trabalhar com eles usando uma abordagem de equipe de modo que sintam que considero sinceramente seus interesses.

Treinamento

- Boa introdução, mas você deveria ter fundamentado sua resposta com alguns exemplos específicos de quando desenvolveu relacionamentos com clientes no passado em seus antigos empregadores (American Express e Fidelity). Você aumentará a credibilidade com o entrevistador, citando clientes que tenham encaminhado negócios para você ou dado uma porcentagem maior de seus valores líquidos globais para você administrar. Lembre-se de que a maioria das pessoas que conduzem esse tipo de entrevista aprende que o comportamento passado é o melhor indicador do comportamento futuro. Então, fornecendo exemplos de quando você desenvolveu relacionamentos produtivos no passado, você está fornecendo comprovação de que será capaz de continuar a desenvolvê-los no futuro.

ENTREVISTA — CONCLUSÃO

Depois que o entrevistador terminar de fazer as perguntas de entrevista comportamental com foco em competências que constam de seu guia de entrevista, ele provavelmente vai lhe perguntar se você tem quaisquer perguntas a fazer para ele. Se você não fizer perguntas, parecerá desinteressado no cargo, então deve *sempre* vir preparado com perguntas para fazer.

Então, quais são as perguntas boas de fazer para o entrevistador?

1. Perguntas que demonstrem um interesse genuíno no trabalho. O entrevistador está conversando com você porque ele precisa de ajuda para fazer seu trabalho.
2. Perguntas que demonstrem que você estava ouvindo durante a entrevista.

Faça perguntas como estas:

- Quando você pensa nas outras pessoas que viu trabalhando nesse cargo, você me falaria sobre o funcionário que você acha que foi o mais bem-sucedido? O que ele fez no primeiro ano (ou seis meses) para ajudá-lo a ser bem-sucedido? (Observação: preste bastante atenção à resposta do entrevistador. Ela pode lhe fornecer informações muito úteis sobre o que procura em um bom funcionário.)
- Quais são suas metas para o departamento? Fale-me sobre elas e por que são importantes para a organização.
- Como você distribuiu o trabalho no departamento?

- Quando você estava falando um pouco antes, mencionou _____ [ressalte algo que o entrevistador falou sobre a empresa]: você pode me falar mais sobre isso?

Você pode achar que essas perguntas parecem bastante semelhantes às perguntas de entrevistas comportamentais sobre as quais você vem aprendendo ao longo de todo este livro — e está certo. Parabéns — agora você está pensando como um profissional extremamente competente! Eis três razões por que você deveria fazer essas perguntas:

1. Elas ajudam a demonstrar que você quer a posição e está disposto a aprender com seu futuro gerente.
2. Elas dão a oportunidade ao gerente de conversar e fornecer algumas informações úteis que podem ajudá-lo a entender melhor a posição, as pessoas com quem trabalhará e a cultura da empresa.
3. Elas mostram ao entrevistador que você é esperto, atualizado e sagaz.

Depois de fazer algumas perguntas, veja se o entrevistador reassume o controle da entrevista. Se não o fizer, talvez você possa querer dizer algo assim: "Eu seria capaz de continuar a falar com você por muito tempo e estou aproveitando muito nossa conversa, mas quero estar ciente de suas limitações de tempo." Veja o que ele diz. Quando uma cliente usou esse método durante uma segunda entrevista com um poderoso vice-presidente sênior, ele olhou para ela, sorriu e disse: "Ok, você pode me fazer mais duas perguntas." Ela as fez e recebeu uma oferta de emprego três horas depois.

Normalmente, os entrevistadores lhe dizem o que esperar em seguida, antes de você deixar a entrevista. Se seu entrevistador não oferecer essa informação, diga-lhe que você ficou muito bem-impressionado com todos que conheceu e ficou ainda mais interessado no cargo do que estava antes da entrevista. Pergunte qual o passo seguinte de uma forma educada e profissional. Certifique-se também de que tem o contato de todos com quem falou. A forma mais fácil de conseguir seus nomes, e-mails, endereços para correspondência e números de telefone é pedir seus cartões de visita, se eles não lhe fornecerem um automaticamente. Finalmente, quando sair, faça algumas anotações sobre o que foi discutido durante a entrevista. Tente fazer isso quando estiver em seu carro ou quando chegar em casa nesse dia. Você precisará das anotações para escrever notas de agradecimento dirigidas com foco em competências.

10. Aprenda com outros entrevistados

No capítulo anterior, você aprendeu como uma entrevista típica com foco em competências se desenvolve. Você leu as respostas que um profissional de vendas de serviços e produtos financeiros deu a algumas perguntas e teve a oportunidade de aprender por meio dos comentários do treinamento. Confúcio disse, certa vez: "Por meio de três métodos, podemos aprender a sabedoria: primeiro, pela reflexão, que é o mais nobre; segundo, pela imitação, que é o mais fácil; e, terceiro, pela experiência, que é o mais amargo." Neste capítulo, você será capaz de conquistar alguma sabedoria através das experiências em entrevistas de três pessoas: um gerente de projetos de TI, um consultor de remuneração e benefícios e um analista financeiro.

Os exemplos incluídos neste capítulo não incluem as partes introdutórias ou conclusivas da entrevista; isso foi feito para tornar mais fácil para você se concentrar nos tipos de perguntas que são feitas. Como você verá, as respostas que os candidatos dão não são perfeitas — poucas respostas o são. Para lhe dar uma ideia de como as respostas poderiam ser melhores, incluí meus comentários depois de cada uma. Leia na íntegra as perguntas e as respostas atentamente. Procure exemplos que você possa relacionar a elas. Tome nota especialmente de uma resposta, parte de uma resposta ou um comentário que desperte uma ideia de como você poderia dar respostas melhores em *sua* próxima entrevista. E lembre-se de que nosso objetivo aqui não é a perfeição, mas — para parafrasear Confúcio — conquistar sabedoria. Pelo menos, sobre como ser entrevistado!

Gerente de produtos de TI, entrevistado para outra oportunidade em sua empresa

P: Fale-me de uma ocasião em que você coordenou uma equipe para realizar um projeto. Dê um exemplo de um desafio que impactou de forma significativa o projeto e descreva como você resolveu a questão.

R: O projeto era fazer com que uma equipe de dez pessoas concluísse a instalação de um novo software para acesso em site de dados do cliente. O desafio era que a equipe consistia de dez pessoas, mas várias eram recursos técnicos *offshore* sob contrato que foram parcialmente alocados em meu projeto e apenas se reportavam a mim indiretamente. O que tornava a situação ainda mais difícil era a diferença de fuso horário entre Bangalore, Índia, e o escritório de Ft. Lauderdale, as diferenças de idiomas e a ausência de treino no novo software.

O que eu fiz para resolver as questões foi aproximar o contato com o pessoal dos Estados Unidos. Configurei um sistema de cooperação para executar itens específicos de tarefas do projeto. O membro norte-americano era responsável por ajudar o parceiro contratual com informações necessárias ou conseguir uma pessoa treinada para ajudar na consecução da tarefa. Conferências telefônicas semanais específicas, à noite, nos Estados Unidos, para coincidir com a manhã do dia seguinte na Índia, foram marcadas para acompanhar o progresso e identificar soluções para questões relevantes. Itens que requeriam mais tempo para serem realizados e que impactassem o prazo eram comunicados à gerência como um risco.

Treinamento

- Basicamente, uma boa resposta, com detalhes suficientes para tornar o exemplo verossímil.
- Se você perceber que uma das competências mais importantes visadas por essa pergunta é **Orientação para Resultados**, precisa se concentrar mais nos resultados do projeto para tornar sua resposta ainda mais consistente. Esse é um bom exemplo de que compreender o propósito da entrevista com foco em competências pode fazer uma enorme diferença na qualidade da resposta.

- Lembre-se de usar linguagem mais espontânea, de conversa. A maioria das pessoas raramente usa palavras como *mitigar* quando conversa — em vez disso, pode-se dizer *dar um jeito na situação, minimizar a questão*. Entretanto, se a empresa para a qual você está sendo entrevistado normalmente usa esse tipo de palavra em conversas, vá em frente e use-a.
- Assuma os créditos pelas medidas que tomou para conduzir o projeto. Quem decidiu agendar as conferências telefônicas semanais? Quem de fato as marcou?
- Use uma linguagem mais ativa para descrever seu papel. Quem comunicou os pontos que levavam mais tempo para serem executados à gerência? Evite usar linguagem passiva.

P: Dê um exemplo de quando teve que dar más notícias. Descreva como as deu e qual foi a reação.

R: A situação era a entrega de um aperfeiçoamento para um grande compartilhamento de banco de dados por sistemas múltiplos sem interromper as operações em curso. O aperfeiçoamento facilitaria os relatórios *downline* (sobre pedidos pendentes em tempo real) para uma unidade comercial que não é proprietária do banco de dados. Esse projeto é uma exceção para fornecer dados que gerariam US$1 milhão em receita extra para a empresa. A má notícia era que um projeto de maior prioridade para os proprietários do banco de dados foi aprovado sem considerar que ele atrasaria o projeto "de fora" por aproximadamente três meses. Eu tinha que dar a notícia para os nada receptivos responsáveis pelo projeto na alta direção. Imediatamente comuniquei um resumo de um provável atraso e do que eu fizera para lidar com o risco. Disse deliberadamente "provável" para comunicar o risco sem alarmar os patrocinadores do projeto, dando detalhes em demasia. Imediatamente me dirigi aos meus superiores para informá-los do risco. Também sugeri uma solução de compromisso para mesclar os dois projetos, como uma opção para meus superiores. Depois da negociação entre os responsáveis superiores, a solução foi aceita. As ações de me dirigir aos superiores de imediato e de providenciar uma solução para minha gerência apresentar foram fundamentais para implementar uma solução imediata e evitar um conflito de grandes proporções.

Treinamento

- Algumas informações adequadas nessa resposta, mas ela precisa ser mais concisa e com um tom mais de conversa.
- Use uma linguagem ativa para descrever SAR — situação, ação, resultado. Diga: "Meu gerente me disse que um projeto de maior prioridade fora aprovado e isso causaria atraso em várias áreas — incluindo

o projeto em que eu estava trabalhando."
- Tente ser consistente com os tempos verbais que você usar quando estiver dando suas respostas.
- Seja específico. Para quantos superiores responsáveis pelo projeto você deu a notícia?
- Assuma os créditos pelas coisas que você realizou e seja claro quanto a quem fez o quê. Quem negociou entre os responsáveis superiores? Foi o fato de você ter se comunicado imediatamente com seus superiores e providenciado uma solução? Se assim se deu, deixe isso claro quando estiver dando sua resposta.

P: Fale-nos de uma ocasião em que você demonstrou sua capacidade de se comunicar efetivamente com um grupo. Descreva a situação e explique como soube que havia passado a mensagem.

R: Existe uma conferência tecnológica anual da companhia de que mais de mil clientes participam. Minha responsabilidade era apresentar uma sessão de produto de informação de gestão. O propósito da apresentação era passar a ideia de que o produto em questão era simples e flexível o suficiente para suportar usuários individuais e, ao mesmo tempo, sofisticado o bastante para fornecer a consolidação do relatório global. O que fez dela um sucesso foi concentrar nos benefícios do produto principal e no valor intrínseco por meio de amostras de situações reais, e conduzir a sessão pela perspectiva do público. Na apresentação, eu sobrepus a capacidade de fazer relatórios sobre a real consistência dos dados, comparando-as com opções alternativas. Foquei em gestão e estimativas de dados, não na ferramenta. A apresentação também incluiu diagramas de fluxo de dados e amostras de relatórios. Minha apresentação recebeu a maior classificação entre 50 sessões na conferência via levantamento com os participantes. Esse estilo de apresentação não é somente bem-sucedido para clientes de conferência, mas também com colegas da empresa e colegas em sessões de treinamento.

Treinamento

- Seja mais conciso e use um tom mais coloquial. Toda essa resposta tem muitas palavras.
- Lembre-se de fornecer detalhes, como quando o evento ocorreu.
- As primeiras duas sentenças seriam mais efetivas se fossem reduzidas a uma declaração como: "Me pediram para fazer uma apresentação sobre produto de informação na conferência de tecnologia de 2004 da companhia." É razoável que se assuma que, por ser essa entrevista para outro cargo em sua empresa, os entrevistadores sabiam da magnitude da conferência e o quanto ela era importante para a companhia.

- Use uma linguagem mais ativa. Por exemplo: "Eu sabia que a apresentação precisava passar a ideia de como o produto é fácil de ser usado pelas pessoas, ao mesmo tempo que é sofisticado o bastante para fornecer consolidações de relatórios globais."
- Fale sobre seu resultado — receber a classificação mais alta na conferência — antes. Essa é a parte mais importante e significativa de sua resposta. Colocar essa informação na segunda sentença daria a ela a ênfase que merece.
- Boa conclusão, mas seria mais forte se a pronunciasse de modo a mostrar que aprendeu ao trabalhar na apresentação e ao fazê-la. Comece a sentença com "Aprendi que...".

P: Dê um exemplo de uma decisão acertada que você tomou ainda que não dispusesse de tanta informação quanto gostaria.

R: Eu estava gerenciando um projeto que integrava um novo software que não havia sido implantado em lugar algum da empresa. Não havia experiência alguma com sua instalação. O vendedor não tinha nenhuma experiência na forma como nossa empresa queria configurar e utilizar as ferramentas. Na ocasião da segunda fase, ficou claro que a instalação não seria concluída em um ano e que eu precisaria solicitar prazo e fundos adicionais para completar o projeto. Dada a urgência de migrar do antigo sistema para o novo, a alta direção precisava compreender qual seria a real estimativa antes de autorizar a mudança de escopo do projeto. Pedi à equipe de tecnologia e manutenção que analisasse e avaliasse o escalonamento das fases do projeto. Minha recomendação era que se usasse um projeto sem relação com esse, mas que era semelhante, como um padrão de comparação, e meus gerentes concordaram. Quando concluímos um estágio profundo de análise, fui capaz de estimar um novo prazo e escopo para a entrega no primeiro ano com os fundos existentes e um nível razoável de risco. Além disso, apresentei as consequências de não continuar o projeto para contrabalançar melhor a decisão pelo investimento. O resultado foi que o processo de projeto escalonado foi aceito.

Treinamento

- Basicamente, uma boa resposta.
- Use verbos na voz ativa. Para a segunda sentença, diga: "Ninguém na empresa sabia nada sobre como instalar o software." Para a última sentença, use: "A alta direção aceitou minha recomendação para escalonar progressivamente o projeto."

P: Descreva como lidou com uma situação de modo a garantir que você mantivesse foco e concluísse as tarefas necessárias para controlar os resultados.

R: O projeto era em resposta à solicitação urgente de um executivo sênior para realizar um aprimoramento exclusivo de desenvolvimento de um produto para um cliente de alta visibilidade usar. Foi-me dito que eu precisava realizar o projeto sem interromper o trabalho em quaisquer outros projetos. Para ter sucesso e atender as necessidades de meu gerente, revisei as entregas de relatórios previstas para o cliente. Eu precisava entender as minúcias de suas necessidades para então usá-las a fim de fornecer uma estimativa. Como estimativas incluem tempo, custo e escopo, falar com o cliente imediatamente me ajudou a identificar que eu precisaria ajustar as expectativas sobre o prazo de entrega. Uma expectativa para uma entrega antecipada foi indevidamente comunicada ao cliente. As solicitações precisavam do desenvolvimento de uma nova elaboração do processo. Organizei uma equipe de especialistas no assunto e reduzi as opções até chegar à melhor possível, que pudesse ser incorporada a um projeto já existente. Embora houvesse numerosas questões que exigiam mudanças no projeto e em seu subsequente escopo, ele foi concluído no ano, sem custo extra para o cliente ou para o projeto existente, ao qual o aperfeiçoamento foi incorporado. O fator fundamental que contribuiu para uma entrega no prazo foi que eu mantive um plano de projeto para identificar a disponibilidade de recursos e a priorização de tarefas.

Treinamento

- Bom exemplo, com bastantes detalhes, de modo a ser verossímil. Seguir as medidas que você tomou, passo a passo, funciona bem.
- Analise sua resposta e a edite para eliminar palavras e detalhes desnecessários. Foque naquilo que é fundamental para o entrevistador saber para compreender o exemplo. Essa resposta se parece com um primeiro esboço em uma folha de papel — você precisa falar como se fosse uma versão final para ser realmente efetivo na entrevista.
- Comece sua resposta explicando seu papel ("Me pediram para ser o gerente de projeto para...").
- Evite o uso da voz passiva — use formas verbais ativas sempre que possível.
- Assuma os créditos pelo que você e as demais pessoas fizeram no projeto, sendo mais direto em suas declarações.
- Evite usar palavras-filtro, como *vários* e *numerosos*, quando estiver respondendo a perguntas. Essas palavras não acrescentam nada ao conteúdo. Você já mostrou que existe mais do que uma questão.

Consultor

P: Fale-me de você.

R: Sou um solucionador de problemas que se fortalece com novos desafios e gosto de seguir um projeto inteiramente até sua consecução e avaliar o desempenho da equipe. Prefiro trabalhar em uma equipe e aprecio as oportunidades de compartilhar minhas próprias ideias e aprender com os outros. Geralmente, sou bem rápido em ver conexões entre partes de um projeto ou entre um projeto e as áreas da organização que ele pretende impactar. Não me importo com trabalho duro e expediente longo, particularmente se apresenta oportunidade de fortalecer meu conhecimento e minhas capacidades.

Treinamento

- Em grande parte, uma boa resposta, mas você precisa fazer melhor para responder à pergunta "Você é capaz de realizar o trabalho?" (abordada no Capítulo 3).
- Seria uma vantagem definitiva para você fechar com uma declaração sobre o que deseja fazer em seguida e por que está pronto para fazê-lo.
- Tente dar à resposta um tom um pouco mais de conversa, com sentenças mais curtas e linguagem ligeiramente mais informal.

- Essa resposta também seria mais consistente se fosse precedida de sua profissão — "Sou um consultor sênior."
- A não ser que você esteja confiante de que o cargo seja 100% trabalho de equipe, evite a possível percepção de que você não consegue trabalhar sozinho. Quando falar de equipe, acrescente a declaração de que você também é bom trabalhando de modo independente.
- Evite usar linguagem ambígua — por exemplo, que você "não se importa" com algo — porque isso pode criar a percepção de que você de fato tem mesmo um problema em relação a isso.

P: Fale-me de uma ocasião em que você se sentiu particularmente bem com os resultados que foi capaz de alcançar em uma tarefa.

R: Trabalhei em dupla em um trabalho para renovar o programa de salários e compensação baseada em incentivos para uma empresa varejista importante. Inicialmente, trabalhamos com duas de suas maiores divisões, cadeias de lojas baseadas em Ohio e no Texas. À medida que a direção observava nosso progresso e nós compartilhávamos nossas conclusões preliminares, eles ficaram tão impressionados que nos pediram para estender o cronograma do projeto e incorporar mais quatro divisões. Por fim, também conduzimos um estudo de remuneração de executivos com funcionários na sede corporativa.

Treinamento

- Uma resposta muito boa, no geral.
- Poderia ser ainda mais efetiva se você começasse com o ponto principal — uma declaração sumarizando a resposta básica. Por exemplo: "Trabalhei em um projeto para uma empresa varejista importante, e eles ficaram tão contentes com a qualidade do trabalho que o cliente acrescentou duas novas divisões ao projeto depois do primeiro mês. Isso representou mais de US$250 mil em honorários extras de consultoria para a empresa."
- Seja mais específico. Forneça nomes de clientes e detalhes dos projetos, incluindo magnitude e escopo. Quantifique suas respostas com estatísticas e honorários de consultoria sempre que possível. (Tudo bem em estimar, se você não dispuser dos números exatos. Leve o tempo que precisar para examinar suas notas ou telefone para um antigo colega para verificar a informação, se possível.)
- Certifique-se de que a linguagem que você usar seja coloquial e casual.
- Esteja atualizado com sua linguagem. Por exemplo, a expressão *departamento de administração de pessoal* está ultrapassada, datada; use, em vez disso, *departamento de recursos humanos* (ou *de gestão de recursos humanos*)

P: Fale-me de uma situação em que você teve que pensar de forma não tradicional para conceber uma boa solução.

R: Nós tentamos usar levantamentos publicados para determinar os níveis salariais apropriados para as organizações, mas temos encontrado algumas situações em que os dados simplesmente não existem. Trabalhando com uma importante empresa de telecomunicações, encontramos vários cargos exclusivos difíceis de colocar na hierarquia da companhia. Para determinar valores para esses cargos, usamos dois métodos. Primeiro, trabalhamos com a direção e com os gerentes dessas posições para desenvolver exigências e responsabilidades muito claras para os cargos e, assim, fomos capazes de sugerir cargos comparáveis na empresa assim como em outros ramos. Também usamos nossas próprias fontes, incluindo clientes, e pedimos a nosso cliente de contato que nos fornecesse algumas fontes para obtermos dados salariais em empresas concorrentes com a concordância de que compartilharíamos os dados com qualquer organização que contribuísse para o levantamento. Por esses dois caminhos, fomos capazes de obter quadros mais precisos desses cargos, tanto interna quanto externamente, e o gerenciamento de clientes achou que nossos resultados eram muito confiáveis.

Treinamento

- Você precisa explicar por que as duas estratégias que mencionou são realmente "não tradicionais". Fica difícil apreender isso pela sua resposta. Pode parecer que a maioria das organizações teria alguns cargos exclusivos, e que seu grupo de consultoria teria descoberto um modelo básico para usar. Então, forneça uma explicação completa; se não conseguir, considere escolher um exemplo diferente.
- Seja cuidadoso no uso da palavra *nós* quando estiver falando sobre seu trabalho. Sempre esclareça seu trabalho. Muitos entrevistadores perceberiam isso como uma demonstração de que você ainda pensa em si mesmo como uma parte da equipe de seu antigo empregador ou do atual e que você teria problemas para fazer a transição para trabalhar com o novo gerente ou empregador.
- Faça a resposta ficar em um tom mais coloquial e use sentenças curtas.

P: Você já gerenciou um projeto no qual foi difícil cumprir o prazo ou permanecer dentro do orçamento? Se isso ocorreu, diga-nos o que aconteceu. Como você lidou com a situação?

R: Sim, já. Fomos contratados para realizar um estudo de compensação baseada em incentivo para uma empresa de serviço público. Embora a alta direção estivesse envolvida na reunião inicial, nosso principal contato, o gerente de projetos, estava em um nível mais inferior na organização. O gerente de projetos estava constantemente tentando estender o escopo do projeto, nos pedindo para realizar relatórios semanais e para orçar muito mais situações alternativas do que normalmente produzíamos. Depois de quase um mês de suas solicitações, pedimos a nosso gerente de relacionamentos que contatasse a direção para uma reunião sobre o andamento do projeto. Quando ficou claro para os diretores que estávamos fazendo muito mais do que o trabalho planejado, eles nos pediram para discorrer sobre os resultados previstos para nossos esforços. O resultado final da reunião foi que o escopo do projeto foi estendido oficialmente, com orçamento e cronograma revisados, de modo que pudéssemos produzir alguns dos estudos e recomendações adicionais solicitados.

Treinamento

- Suspeito que você perdeu a oportunidade de mostrar para o entrevistador alguma evidência de suas competências **Consciência e Agilidade organizacionais** ou **Sagacidade interpessoal**. Explique por que você solicitou uma reunião sobre o andamento do projeto. Foi porque você não estava certo de que o gerente de projeto estivesse mantendo sua direção geral informada? Ou foi porque você queria se certificar de que os executivos queriam o escopo estendido do projeto e estariam dispostos a pagar por isso? Qualquer uma das razões mostra ao entrevistador algumas coisas boas sobre a forma como você pensa e se conduz profissionalmente.

P: Descreva uma ocasião em que teve que usar sua capacidade de influenciar um gerente para ser capaz de realizar um bom trabalho.

R: Eu estava designado, juntamente com um gerente de projeto, para realizar um estudo de compensação relativamente simples em um hospital. O gerente de projeto pediu para ser designado para uma tarefa de maior destaque que foi dada a outro consultor em nosso grupo, então, ele não estava nada entusiasmado com nosso projeto. Quando percebi a situação, eu e ele criamos estratégias para realizar o projeto abaixo do orçamento e antes do prazo, ao mesmo tempo em que mantínhamos os níveis da qualidade prevista e de satisfação do cliente. Embora, no final das contas, tenhamos gasto todo o orçamento, o trabalho foi concluído duas semanas antes do prazo, e a alta direção de nosso grupo considerou esse desempenho, promovendo meu colega para gerente de unidade, o que ocorreu cerca de seis meses depois de completarmos nosso projeto.

Treinamento

- Um exemplo muito consistente. Não apenas mostra forte capacidade de influência, mas também está fornecendo evidências de várias outras competências, incluindo Orientação para Resultados e Capacidade de relacionamento interpessoal (sofisticado e intuitivo).
- Seja mais específico — o que é relativamente simples para uma pessoa pode não ser para outra.
- Use uma linguagem mais coloquial e seja um pouco mais conciso. Por exemplo, termine a última sentença com "... quando ele promoveu meu colega para gerente de unidade, seis meses depois".

P: Fale-nos de uma ocasião em que você trabalhou com uma pessoa difícil em sua equipe.

R: Um de nossos consultores de compensação era bastante conhecido por seu estilo dominador no gerenciamento de projetos. Ele insistia em conduzir cada reunião com os clientes e apenas raramente permitia que os demais membros da equipe falassem. Ao mesmo tempo, ele exigia que os membros de sua equipe preparassem todo o material para cada reunião, que ele criticaria bem sinceramente na frente de toda a equipe do projeto. Em uma tentativa de ajudá-lo a reconhecer e mudar seu estilo, os gerentes do grupo nos designaram como colíderes de um projeto com um importante fabricante de aviões. Ele pediu para ser designado para outro projeto, mas os gerentes recusaram sua solicitação. Quando se tornou claro que precisaríamos trabalhar juntos intimamente, ele me deu sua opinião sobre como o projeto deveria ser conduzido, e ficou claro que esperava que eu simplesmente aceitasse suas ideias. Baseado em nossa conversa, montei um cronograma para o projeto, mostrando as atividades e reuniões principais. Então, sentei-me com ele e disse que, embora concordasse com seu conceito de como o projeto deveria ser estruturado, eu queria dividir mais a carga de trabalho com ele. Ainda que tenha levado algumas sessões com minha planilha para conseguir a aceitação na divisão de trabalho, nós, de fato, alcançamos o que considerei como um meio-termo aceitável a seu plano original e nossos gerentes ficaram impressionados porque fomos capazes de modificar nossos estilos de trabalho para acomodar cada um de nós e o nosso cliente.

Treinamento

- Boa escolha para sua resposta. Ela demonstra fortes competências interpessoais e uma estratégia realista e pragmática para trabalhar com uma personalidade difícil.

- É fundamental dar uma resposta a essa pergunta. Simplesmente não é verossímil dizer que você nunca trabalhou com alguém difícil. Mas, se você mostrar raiva, crítica ou qualquer outra reação emocional negativa em suas respostas ou em sua comunicação não verbal, o entrevistador vai vê-lo de forma negativa. Tenha cuidado. Escolha um exemplo que mostre sua sabedoria e estratégia profissional para solucionar problemas.
- Use um tom mais coloquial e trabalhe para ser um pouco mais conciso e direto ao ponto. De preferência, você quer dar suas respostas usando uma linguagem de "versão final" — sem redundâncias e palavras extras que nada acrescentem ao conteúdo.

Analista financeira com experiência no sistema bancário e na área de saúde, entrevistada para cargo em importante sistema hospitalar

P: Fale-me de sua formação.
R: Tenho 15 anos de experiência com transações bancárias e como analista financeira e trabalhei, neste último ano, na área de saúde. Ao longo do tempo, realizei estudos em departamentos bancários que incluíam reengenharia de processo e melhorar

departamentos operacionais racionalizando os processos. Também muito recentemente gerenciei a área de informação de rentabilidade de clientes, em que foquei na rentabilidade de nossos clientes, formas de vendas cruzadas e aumento da receita.

Treinamento

- Tome o cuidado de não enfatizar o número de anos de experiência que você tem. Como um gerente explicou: "Alguém pode ter o mesmo ano de experiência por 15 vezes." Isto é especialmente importante para aqueles com idade a partir de 35 anos que possam estar preocupados com discriminação por idade. O que é importante enfatizar em sua resposta é sua experiência relevante: evidências que comprovam para o entrevistador sua competência nas áreas-chave necessárias para alguém obter sucesso no cargo.
- Bom trabalho ao explicar sua experiência geral concisamente. Normalmente, a resposta a essa pergunta leva cerca de dois minutos para ser apresentada, a maioria dos entrevistadores acharia essa resposta muito curta.
- A resposta seria mais consistente se você acrescentasse uma explicação do que o

motivou no passado, quais são seus pontos fortes, o que deseja fazer a seguir e por que quer esse tipo de trabalho.

P: Fale-me de um projeto em que você trabalhou e no qual sua capacidade analítica foi fundamental.
R: Como gerente do grupo de rentabilidade de clientes no BankOne, eu tinha que examinar a rentabilidade dos clientes do banco e determinar quais eram os mais rentáveis e ofereciam maior oportunidade para futuro crescimento de receita. Também foquei em clientes com o menor potencial de receita e iniciei estratégias de saída.

Treinamento

- Use uma linguagem que o faça parecer positivo. A frase "Eu tinha que examinar a rentabilidade" faz você parecer uma vítima relutante. Corrija o problema usando um verbo de ação: "Eu analisava a rentabilidade..."
- Forneça alguns números, estatísticas, valores ou alguma outra medida para quantificar a magnitude do projeto.
- Essa resposta está OK, mas seria muito mais consistente com mais detalhes. Quantos clientes você analisou? Que processo usou para analisar as informa-

ções? Você criou uma planilha ou programa de banco de dados para ajudá-la a analisar as informações?
- Para uma resposta muito melhor, diga ao entrevistador qual foi sua recomendação final para seu gerente e explique como o banco (ou seu departamento) se beneficiou do trabalho analítico.

P: Fale-me de uma ocasião em que você teve que empenhar um esforço extra para alcançar os resultados de que precisava no trabalho.

R: Esta é uma questão permanente. Estou sempre fazendo além do que se espera de mim. Se preciso cumprir o prazo de um relatório, farei isso acontecer, dando início ao resultado necessário e fazendo todas as solicitações que precisar para completar todas as peças do quebra-cabeça no prazo.

Treinamento

- Boa resposta, em geral, mas seria muito melhor se você a embasasse com um exemplo específico. Nesse caso, depois de dar sua resposta geral, acrescente detalhes como: "Eis um exemplo recente: na semana passada, meu gerente veio ao meu escritório depois do almoço e me pediu para intervir e terminar um relatório para uma colega que tivera que sair mais cedo do trabalho quando descobriu que seu filho do sexto ano escolar tinha quebrado a perna em um jogo de futebol. O relatório era para a manhã seguinte. Liguei para minha colega em seu celular, obtive os detalhes por meio dela, monitorei as informações para o relatório mensal com os chefes dos departamentos-chave, inseri os dados e fiz com que o relatório estivesse terminado e fosse enviado por e-mail para meu gerente até as 8 horas da manhã seguinte."

P: Você já lidou com clientes difíceis quando trabalhava no banco ou no hospital? Escolha uma situação e me fale sobre ela.

R: Sim, sempre existem clientes difíceis, sejam eles internos das organizações ou externos. Uma das estratégias de maior sucesso é perguntar-lhes sobre maneiras de melhorar os processos e conseguir sua colaboração. Ao incluí-los na discussão, valorizar sua contribuição e descobrir o que pode melhorar, muitas vezes você os vence. Isso acontece o tempo todo.

Treinamento

- Como a resposta anterior, essa resposta mostra sua atitude profissional geralmente boa a respeito de clientes e seu trabalho.
- Seria uma resposta muito melhor se você sustentasse seus argumentos fornecendo exemplos para comprovar o que está dizendo. Lembre-se de usar respostas específicas, com base em evidências, sempre que possível, para fundamentar e comprovar seus argumentos mais gerais.
- O entrevistador pediu-lhe que escolhesse uma situação — você precisava ter feito isso para se sair realmente bem em sua resposta. Ao não conduzir sua resposta para uma situação específica, seu entrevistador pode achar que você não sabe ouvir com atenção. Eu conheço você, então, sei que isso não é verdade. Na próxima vez, apenas preste um pouco mais de atenção e responda a cada parte da pergunta que lhe fizerem.

P: Fale-me de uma ocasião em que precisou persuadir alguém a fazer as coisas da forma que você achava que deveriam ser feitas.

R: Tive que convencer executivos de que era muito importante desenvolvermos uma estratégia focada em visitas a clientes do banco. Persuadi-os de que era fundamental focarmos nos clientes com os maiores potenciais de receita e saber qual segmento de cliente é o mais rentável. Talvez precisássemos focar em um segmento de mercado diferente se os clientes não atendessem as metas de rentabilidade maiores.

Treinamento

- A coisa mais importante que está faltando aqui é o resultado: Você convenceu os executivos? Como isso beneficiou o banco?
- Evite dizer que você *teve que* fazer algo. Coloque as coisas de forma mais positiva, usando verbos de ação: "Eu convenci", "Eu persuadi".
- Forneça mais detalhes em sua resposta (da forma como você os forneceu para os executivos quando lhes apresentou seus argumentos). Você sempre será mais confiável como candidato se for capaz de citar números e detalhes. Isto é particularmente fundamental se você estiver em uma profissão que use informações e detalhes quantitativos, como finança, engenharia, vendas, contabilidade ou muitas áreas jurídicas.
- Terminar sua resposta com "Talvez precisássemos focar em..." provavelmente faria

com que muitos entrevistadores o vissem como alguém hesitante ou inseguro de si mesmo. Experimente algo mais certo, seguro, como: "Depois de mudar a estratégia de vendas, o banco aumentou a rentabilidade em até 10% no ano seguinte."

11. Mantenha-se atualizado em relação à tecnologia e às práticas de entrevista

Quando este livro foi publicado pela primeira vez, as pessoas falavam sobre smartphones, tablets, iPads e iPods. No momento em que escrevo esta segunda edição, a computação de nuvem e a geolocalização se tornam mais conhecidas. Nós compreendemos o significado de BYOD (iniciais em inglês para "bring your own device" — traga seu próprio dispositivo, em português) há anos, mas, de acordo com Mike Schaffner, diretor de TI na Cameron, BYOD é uma questão atual, já que os funcionários pressionam para usar sua tecnologia pessoal no trabalho, pois normalmente é mais sofisticada do que a fornecida por seus empregadores. A tecnologia continua a mudar mais rapidamente do que nunca, e essas modificações impactam a forma de realizar entrevistas. Nos últimos cinco anos, vimos um maior uso da tecnologia para tornar entrevistas de todos os tipos mais econômicas, acessíveis e efetivas. Enquanto entrevistas e centros de avaliação foram usados no passado para selecionar funcionários, os profissionais de recursos humanos e consultores usam atualmente as mídias sociais: Skype, webcams e centros de avaliação virtuais para ajudá-los a selecionar globalmente os melhores candidatos para os cargos.

Se estiver procurando um novo cargo ou se preparando para uma entrevista, você precisa ser tão profissional quanto possível com tudo o que fizer, incluindo o uso da tecnologia para se comunicar com o recrutador ou possível empregador. Você pode constatar que os empregadores incluem perguntas de estudos de caso em suas entrevistas ou que pode ser entrevistado por uma empresa de consultoria que use perguntas de estudo de caso como seu principal meio de avaliação. Apresentar-se a um provável empregador costumava ser bem simples: você fornecia informações sobre sua formação em um currículo e, quando fosse contatado, aparecia para a entrevista. Atualmente, você se apresenta ao mundo no Facebook, LinkedIn, por e-mail, Twitter e blogs; sua imagem pode não estar completamente sob seu controle. Mesmo entrevistas presenciais mudaram — às vezes, você é colocado em um grupo de vários prováveis funcionários ou é entrevistado por pessoas representando o empregador delas

MÍDIA SOCIAL E INTERNET

Você participa ativamente do LinkedIn, Facebook e Twitter? Se não, por quê? Apenas se registrar, fazer amigos ou se comunicar para expandir sua rede social não é o suficiente para fazer você conseguir as entrevistas que deseja — ou para criar uma impressão positiva o bastante para fazer com que um recrutador ou empregador decida que você é o melhor candidato. Os usuários mais sofisticados das mídias sociais percebem o poder do Facebook, LinkedIn, Twitter, YouTube e blogs para ajudar a criar a imagem *certa* de si mesmos — a imagem que motivará um empregador a contratá-los — e a trabalhar a rede de contatos com o foco em competências. Trata-se de administrar bem a primeira impressão, de marketing e de construir sua marca pessoal. Eis algumas sugestões de como você pode tirar o máximo proveito das redes sociais:

1. Use um modelo com foco em competências para escrever seus perfis no Facebook e no LinkedIn. Lembre-se de que esses dois sites proporcionam uma oportunidade de se posicionar bem e aumentar as chances de conseguir uma entrevista.
2. Escolha a foto que mais o favoreça e seja mais profissional. Lembre-se de que é possível influenciar a primeira impressão de alguém sobre você selecionando a foto criteriosamente. O propósito aqui é impressionar seus futuros empregadores, rede de contatos comerciais e clientes, então, não coloque uma foto sua se comportando mal ou parecendo não profissional.
3. Enfatize o que você quer que as pessoas se lembrem, colocando isso em evidência no seu perfil. Use linguagem persuasiva de marketing.
4. Edite o que escrever para certificar-se de que sua gramática, grafia, pontuação e emprego das palavras estejam todos corretos.

5. Tenha como alvo o segmento de público e nível educacional de prováveis empregadores. Saiba que *baby boomers* (nascidos entre 1945 e 1964) não esperam receber mensagem de texto de um candidato — a não ser, claro, que tenham pedido a você para se comunicar dessa forma.

Se você tem resistido a se registrar em um desses sites porque valoriza sua privacidade, saiba que os recrutadores e empregadores vão ter bastante trabalho para descobrir você e é possível que o ignorem para cargos. Os recrutadores e gerentes de recrutamento e seleção rotineiramente consultam perfis do LinkedIn; se você não tiver um ou se ele for muito minimalista, será visto como desatualizado ou mesmo evasivo.

Aprenda a usar os sites de mídia social para ajudá-lo a fortalecer sua imagem on-line. Bons lugares para começar: digite frases como *melhores perfis LinkedIn (ou Facebook)* no Google ou Bing e leia artigos on-line. Bibliotecas, faculdades e universidades possuem aulas de como usar a mídia social e escrever perfis; há também aulas e conferências disponíveis on-line.

Tenha a expectativa de que você será pesquisado no Google e que buscarão informações suas on-line antes da entrevista, e esteja preparado para responder a perguntas sobre *qualquer coisa* que você tenha escrito em seus perfis ou blog.

Você deve pesquisar a si mesmo no Google a cada dois ou três meses para ver o que um recrutador ou provável empregador encontrará. Preste atenção especial ao que está nas duas ou três primeiras páginas do Google, porque é improvável que leiam muito além disso. Ouvi uma história de um gerente de TI sobre como ele encontrou o perfil de um agressor sexual na Flórida ao pesquisar no Google um candidato que seu supervisor queria contratar. Ele verificou e ficou aliviado de saber que o provável funcionário não era, de fato, o agressor sexual.

Saiba que é possível administrar sua presença na internet, mas não controlá-la completamente. Um de meus livros recebeu a classificação de uma estrela na Amazon, porque foi entregue com atraso para um leitor. Enviei e-mails para a loja diversas vezes, mas nunca retiraram a classificação, mesmo sendo injusta, pois não tinha nada a ver com o conteúdo do livro. Houve, por fim, novas classificações, a ponto de a injusta ir para o final da página. Se houver qualquer conteúdo negativo sobre você na internet, considere escrever um blog com suficientes postagens para fazer com que o item menos desejável caia fora da primeira página do Google. Lembre-se de pesquisar sobre os entrevistadores e busque informações sobre eles também nos sites de mídia social. Você pode ficar sabendo de algo interessante que o ajudará a estabelecer uma conexão durante a entrevista. Dependendo das definições pessoais dos entrevistadores na internet, eles podem ser capazes de dizer que você olhou o perfil deles, então, talvez seja melhor optar por aparecer como "Usuário Anônimo do LinkedIn" ou pedir a um amigo que veja os perfis para você

SKYPE E WEBCAMS

Arthur C. Clarke, autor de 2001: *uma odisseia no espaço*, disse: "Qualquer tecnologia suficientemente avançada é indistinguível da mágica."[1] Alguns de nós podem usar wi-fi para consultar algo na internet, mas não conseguem sequer começar a explicar por que isso funciona. Acrescente o Skype à mesma lista. Estou convencida de que é mágica. Nos últimos anos, o software se tornou uma forma fundamental para profissionais em todo o mundo enviarem mensagens de texto e fazerem ligações telefônicas de longa distância. Nos Estados Unidos, alguns de nós não têm sido tão rápidos em aprender essa tecnologia. Uma possível explicação é que a infraestrutura telefônica e de videoconferência nos Estados Unidos é tão confiável que não precisamos recorrer ao Skype tão rapidamente. Mas, quando fazemos negócios e trabalhamos em rede com pessoas no mundo todo, temos contado cada vez mais com o Skype.

Vemos recrutadores e profissionais de recursos humanos usar o Skype para entrevistas porque ele permite ver o candidato, ao mesmo tempo que elimina o custo de viagem e ligações telefônicas de longa distância. Li uma discussão sobre essa tendência e ficou claro que um dos usos principais é substituir a entrevista de triagem inicial. Um vice-presidente de recursos humanos escreveu que usa frequentemente o Skype porque o ajuda com contingências de horários. Ele também indicou que alguns dos cargos, de fato, exigem que os candidatos se comuniquem com os entrevistadores usando o software, o que possibilita que a empresa avalie como é o desempenho dos candidatos no Skype para treinamento, ensino ou consultoria. Ele citou, entretanto, um "efeito colateral"·

os entrevistadores parecem levar esses tipos de entrevista menos a sério.

Sentir-se confortável com a ideia de ser entrevistado via Skype ou em uma videoconferência é especialmente importante se você estiver interessado em um cargo em outra parte do mundo ou que exija o uso desses tipos de ferramentas. Alguns exemplos? Consultores, engenheiros, professores ou tutores ensinando em cursos on-line. De acordo com um de meus clientes, o Skype é utilizado pelos responsáveis por admissões para entrevistar candidatos de fora de suas áreas geográficas para MBA e outros programas de graduação. Se puder, tente fazer uma entrevista no campus universitário primeiro, mas se isso não for prático, solicite uma entrevista via Skype ou com aluno graduado em sua área.

Se você for de gerações mais antigas, perceba que é especialmente importante se atualizar em relação à tecnologia, incluindo Skype e webcams. Todos nós tendemos a esperar que a Geração Y (ou Milenares) esteja usando a última tecnologia, mas, se você é um *baby boomer* (nascido entre 1945 e 1964), pode estar se prejudicando no mercado de trabalho se resistir ou ignorar essas mudanças.

Quando tiver uma entrevista pelo Skype ou em videoconferência:

- Leve-a a sério exatamente como faria em uma entrevista presencial e prepare-se.
- Vista-se profissionalmente, assim como faria se fosse entrevistado pessoalmente ou em um programa de TV — sem padrões ou listras muito elaboradas que distraiam

o entrevistador. Isto é fundamental se sua webcam for de baixa resolução.
- Considere as competências-chave para o cargo e certifique-se de que sua comunicação não verbal seja consistente com essas competências. Tenha a aparência adequada para o cargo e aja de acordo. (Reveja o Capítulo 6 para mais dicas.)
- Olhe para a câmera, não para a tela do computador ou para suas anotações.
- Aponte a câmera para um fundo neutro, de preferência um que seja de uma cor sólida.
- Antes da entrevista, teste a câmera e o microfone usando o Skype com um amigo. Verifique a iluminação para garantir que não crie sombras que o desfavoreçam.
- Saiba que pode ocorrer uma defasagem imediatamente após alguém falar. Não deixe que esse tipo de problema tecnológicos o perturbe — é uma oportunidade de mostrar seu profissionalismo. Mude sua atitude e conte com um problema tecnológico, depois, mostre-se agradavelmente surpreso por não ter ocorrido um.
- Tome o cuidado de eliminar barulhos ao fundo, especialmente se estiver usando o Skype de casa.

CENTROS DE AVALIAÇÃO E CENTROS DE AVALIAÇÃO VIRTUAIS

As empresas têm trabalhado com centros de avaliação por muitos anos para ajudá-las a avaliar candidatos para contratação, promoção e transferências laterais de cargos para papéis completamente diferentes. Matthew Tonken, vice-presidente da Talent Management Solutions para a firma de consultoria Sandra Hartog & Associates, explica: "Os centros de avaliação usam um conjunto de exercícios, como simulações *in-basket* (para resolver todas as pendências na caixa de entrada e enviá-las para a caixa de saída), *role-plays*, testes psicométricos e entrevistas elaborados para avaliar um conjunto definido de competências. O uso de exercícios variados e diferentes avaliadores reduz a parcialidade e aumenta a confiabilidade do processo." Os candidatos são avaliados por gerentes de setor treinados, profissionais de recursos humanos ou psicólogos para determinar quem deveria ser recomendado para uma oferta de trabalho. Então, o que eles procuram? Em um artigo intitulado "The Assessment Center Method, Applications, and Technologies" [em português, "O método do centro de avaliação, aplicações e tecnologias"], de autoria de William C. Byham, no Development Dimensions International, "simulações são elaboradas para trazer à tona comportamentos relevantes para os aspectos mais importantes da posição ou nível para os quais os avaliados estão sendo considerados". Em outras palavras, os candidatos são avaliados por comportamentos e ações que demonstrem consistência nas áreas de competências-chave identificadas pela empresa para alguém naquele cargo ser bem-sucedido no futuro.

A internet, o Skype, webcams e videoconferência simplesmente mudaram a logística de juntar o que a empresa Sandra Hartog & Associates chama de *centros de avaliação virtual* (CAVs) e fizeram com que ficassem significativamente menos caros de se conduzir. Como Matthew Tonken disse: "Um psicólogo organizacional em Nova York pode colaborar com gerentes de setor em Londres para avaliar indivíduos em Hong Kong para uma empresa localizada em Genebra, na Suíça." Usar a internet e o Skype e conduzir um centro de avaliação em outra parte do mundo é também muito menos dispendioso do que costumava ser, porque os custos de viagem e ligações telefônicas são eliminados. Seja lidando com um centro de avaliação regular, um centro de avaliação virtual ou um teste psicológico, minha melhor orientação é *não tente manipular o sistema*. Se sua personalidade não for adequada para o cargo, não terá êxito a longo prazo e certamente não ficará feliz. Eu o incentivaria a analisar as competências necessárias para o cargo e os valores coorporativos. Durma bem na noite anterior a qualquer entrevista ou atividade em centro de avaliação. O sucesso de seu dia depende de você, e use suas habilidades sociais acima da média para demonstrar forte inteligência emocional.

COMUNICAÇÃO E TECNOLOGIA

Os recrutadores e gerentes de recrutamento e seleção utilizam e-mails como forma de se comunicar com candidatos. Os profissionais precisam se lembrar de checar seus e-mails duas vezes ao dia e, quando se comunicarem com prováveis empregadores, de usar sentenças completas, pontuação apropriada e nenhuma abreviação de internet ou emoticon engraçadinho. A novidade é que vemos mais empresas incluírem um teste de redação cronometrado antes da entrevista para ajudá-los a fazer uma triagem dos candidatos com base em suas respostas às perguntas e sua capacidade de escrever de forma apropriada sob pressão. Normalmente, o teste é enviado por e-mail para o candidato junto a instruções de quando abrir o arquivo anexado e por quanto tempo trabalhar no teste. Certifique-se de que seu computador, software e conexão estejam funcionando bem, porque você não vai querer que seu computador quebre quando realmente precisar dele. Tenha um Plano B em mente no caso de haver algum problema. Exemplos de perguntas que poderiam ser incluídas são abordados na seção sobre perguntas de entrevista com estudo de caso mais adiante neste capítulo.

Outro ponto importante para se lembrar é de que os e-mails frequentemente são usados em processos judiciais. Tenha o cuidado de não colocar neles qualquer coisa de que possa se arrepender. Mesmo se você apagar uma mensagem, um especialista em computação forense provavelmente poderá encontrá-la; então, é melhor apenas evitar escrever algo assim. Tome o cuidado de enviar e-mails para prováveis empregadores entre 6 horas da manhã e meia-noite, pois os e-mails possuem data e hora, e você não quer que um entrevistador perceba que você estava acordado no horário em que a maioria das pessoas dorme. Comunique-se com os recrutadores, profissionais de recursos humanos e gerentes de recrutamento e seleção de maneira profissional e considere as necessidades de comunicação deles como mais importantes que as suas. Para qualquer um de nós que estiver sendo entrevistado por alguém de outra geração, responda ao recrutador ou entrevistador usando o mesmo canal que usaram com você — isto é, se recebeu um e-mail, responda por e-mail. Não considere enviar uma mensagem de texto, a não ser que o recrutador ou provável empregador envie uma primeiro.

RESPONDENDO A PERGUNTAS DE ENTREVISTAS COM ESTUDO DE CASO

Uma das tendências mais recentes é o crescente uso de perguntas de estudo de caso durante as entrevistas. Consultorias e empresas de capital de risco como McKinsey e Bain têm usado o modelo de entrevista com estudo de caso por muitos anos, mas seu uso se espalhou quando consultores desses tipos de empresa foram para outras posições nas corporações ou para outras empresas. Os estudos de caso são utilizados em escolas de negócios há mais de cem anos — qualquer pessoa que tenha um MBA se lembrará deles muito bem. Trata-se normalmente de descrições históricas de situações reais de negócios, em que informações são apresentadas sobre produtos, mercados, concorrência, estrutura financeira, volume de vendas, administração, funcionários de uma empresa e outros fatores que afetem o sucesso da organização. Esse modelo também é usado em escritórios de advocacia e departamentos jurídicos para ajudar os entrevistadores a avaliar quão bem os candidatos raciocinam e reagem tomando decisões rapidamente sob pressão, e como argumentam e reagem aos desafios. Felizmente, uma pergunta de estudo de caso durante uma entrevista normalmente é mais curta do que as várias páginas que muitos candidatos com MBAs se recordarão de ter analisado e escrito. Então, como funciona?

Sites especializados disponibilizam alguns bons exemplos de casos que foram incluídos em entrevistas reais em importantes empresas de consultoria. Eis uma pergunta identificada como um caso McKinsey:

> *Seu cliente é um posto de gasolina e o mercado está tão competitivo que você não consegue ganhar dinheiro com a venda de gasolina. Todo o lucro está nas vendas da loja de conveniência. Qual é a forma de planejar a apresentação da loja de conveniência que maximize os lucros e por quê?*

Eis outro exemplo de um de meus clientes de uma pergunta de estudo de caso usada para fazer a triagem de candidatos para uma posição de gerente administrativo em uma grande empresa sem fins lucrativos:

> *O diretor executivo na filial local quer avaliar se a organização está estruturada da melhor maneira possível. Como membro da equipe de direção geral e conselheiro para o diretor executivo em todas as questões administrativas, foi solicitado a você que desse uma contribuição. Descreva como procederia nesse exercício. Lembre-se de identificar claramente as áreas em que focaria, nas ferramentas que usaria para facilitar sua análise e os princípios que consideraria antes de fazer sua recomendação final.*

Esse tipo de questão pode ser incluído na entrevista ou usado como forma de classificar inicialmente os candidatos e avaliar suas respostas e seus conhecimentos de redação em um teste escrito com tempo cronometrado. Nele, o candidato normalmente recebe de duas a quatro perguntas e tem de uma a três horas para respondê-las on-line.

O que o entrevistador procura? Quando falei com Marc Cosentino, autor de *Case in Point: Complete Interview Case Preparation* [Caso em questão: preparação completa para uma entrevista, em tradução livre], presidente do CaseQuestions. com e ex-diretor associado de serviços de carreira em Harvard, ele explicou que algumas das coisas mais importantes que os entrevistadores procuram são "o que você leva em consideração, a lógica de seu raciocínio e o quanto é capaz de articulá-lo. Quando o entrevistador o desafia, você é capaz de defender sua resposta sem ficar na defensiva? Considerou bem a questão?". Ele explicou: "Existe muita matemática nessas questões, e você não pode usar uma calculadora. Eles estão testando não para ver se você é capaz de multiplicar ou dividir, mas para ver se pensa antes de falar." Uma das razões por que os entrevistadores poderiam usar uma pergunta de estudo de caso é que, se lhe derem o cargo, os gestores seniores e os clientes poderiam lhe fazer perguntas semelhantes. Com que rapidez você consegue responder a perguntas que requeiram análise e fortes conhecimentos quantitativos? Considere praticar suas respostas a perguntas como essas com um profissional que tenha trabalhado nessa área. Se lhe fizerem esse tipo de pergunta, acrescente o viés de **entrevista com foco em competências** ao início ou ao final de sua resposta para ilustrar que você tem experiência relativa aos argumentos principais que está colocando. Sempre que possível, relacione a situação a algo que tenha feito que mostre uma realização com foco em competências. Por exemplo, responda à pergunta sobre a loja de conveniência e depois acrescente:

> "De fato trabalhei em um projeto como esse quando estava na Amoco. Minha equipe pesquisou as melhores práticas nos cinco principais concorrentes da

região e recomendou seguir o planejamento usado pelo principal concorrente — garantir que as compras por impulso estivessem perto da parte da frente da loja, próximo do caixa. Se eu trabalhasse naquele projeto hoje, entretanto, mudaria minha estratégia para ampliar os tipos de lojas de conveniência que examinamos de modo a incluir postos de gasolina mais independentes, os que estão fora da região e mesmo os internacionais, e lojas de conveniência mais tradicionais que não são parte de um posto de gasolina, para ter uma ideia mais abrangente e inovadora das melhores práticas."

Eis a prova de que essa é uma boa orientação. Depois de escrever esta seção, treinei o cliente da grande empresa sem fins lucrativos para uma nova posição em sua organização. Uma das questões incluídas na parte mais atualizada do teste:

Como diretor de assuntos externos, você será um assessor fundamental para o diretor executivo. Valendo-se de sua carreira e experiência para exemplos concretos, por favor, descreva como você identifica desafios, concebe soluções criativas e avalia seu próprio desempenho em orientar os executivos seniores e os membros da diretoria.

Lembre-se: quando responder a perguntas de entrevistas de estudo de caso ou hipotéticas, *sua resposta será mais consistente se você incluir exemplos de sua própria experiência.*

MUDANÇAS TECNOLÓGICAS

Para ser considerado um candidato consistente você deve se sair bem em uma variedade de situações de entrevista. A boa notícia é que, embora as situações possam ter mudado, as formas de se sobressair ainda são as mesmas — saber quem você é e quais são suas competências e certificar-se de apresentar essas informações da melhor forma possível. Já vimos a mudança que a tecnologia traz. Se examinarmos as mudanças na logística do processo de entrevista nos últimos cinco anos, fica claro que a tecnologia tem importante efeito sobre a prática de entrevista. Então, eis o desafio. A tecnologia vai continuar mudando, cada vez mais rapidamente, e modificará algumas das formas como conduzimos entrevistas com foco em competências. Conecte-se a mim no LinkedIn e deixe-me conhecer as mudanças que *você* está observando.

PONTOS-CHAVE DO CAPÍTULO 11

A tecnologia continua a mudar rapidamente, do mesmo modo que as práticas de entrevista com foco em competências.

De que forma a tecnologia tem mudado as entrevistas com foco em competências?

Mídias sociais, Skype, webcams e centros de avaliação virtual oferecem aos entrevistadores mais opções no recrutamento, na entrevista e na seleção de funcionários.

Por que você deve participar das mídias sociais?

Recrutadores e prováveis empregadores conseguem encontrá-lo mais facilmente.

Por que é importante usar a mídia social de maneira sofisticada?

Ter perfis bem-escritos no LinkedIn e no Facebook é uma oportunidade de administrar sua imagem e divulgar a si mesmo. Você quer ajudar a criar a imagem *certa* de si mesmo na internet — que motivará um empregador a contratá-lo. Trata-se simplesmente de uma questão de administração efetiva da primeira impressão, do marketing e da construção de sua marca pessoal.

O que você deve ter em mente quando preencher seus perfis, criar blogs, twittar ou tentar assegurar que futuros empregadores fiquem impressionados com o que vierem a saber sobre você on-line?

- Use um modelo com foco em competências para criar seus perfis no LinkedIn e no Facebook. Esses sites lhe oferecem a oportunidade de se posicionar bem e aumentar as chances de conseguir a entrevista.
- Escolha uma fotografia que o favoreça e em que pareça profissional. O propósito é impressionar seus futuros empregadores, redes de negócios e clientes, então, não considere colocar uma foto em que não tenha nada menos que a melhor aparência.

- Enfatize o que deseja que as pessoas se lembrem, listando esses pontos primeiramente. Use uma linguagem persuasiva de marketing.
- Edite o que escrever para certificar-se de que a gramática, a grafia, a pontuação e o emprego das palavras estejam corretos.
- Demonstre o nível de escolaridade exigido por prováveis empregadores e use linguagem profissional.

Por que você deve assegurar que seu perfil no LinkedIn esteja atualizado, divulgando sua formação de modo efetivo?

Recrutadores e gerentes de recrutamento e seleção regularmente checam os perfis no LinkedIn; se você não tiver um ou se ele for muito minimalista, pode parecer que quer esconder algo.

Como você pode melhorar a forma como usa a mídia social ou escrever melhores perfis on-line?

Leia artigos, tenha aulas tradicionais ou aulas em webconferência sobre mídia social e redação de perfis em bibliotecas, faculdades e universidades. Verifique com organizações sem fins lucrativos que ajudam pessoas à procura de emprego.

Por que é importante saber o que é dito sobre você na internet?

Porque isso poderia surgir em uma entrevista. Tenha a expectativa de que você será pesquisado no Google antes da entrevista e esteja preparado para responder a perguntas sobre *qualquer coisa* que você possa ter escrito sem seus perfis ou blog. Pesquise a si mesmo no Google periodicamente para saber o que um empregador vai ver. Preste atenção ao que está nas primeiras duas ou três páginas do Google.

O que você pode aprender on-line sobre o entrevistador?

Pesquise os entrevistadores no Google e nos sites de mídia social. Procure uma conexão ou algo em comum que poderia ajudá-lo na entrevista. Tome o cuidado de não deixar pistas de sua pesquisa — quem o entrevista pode ser capaz de dizer se você examinou a página dele no LinkedIn.

Como os recrutadores utilizam o Skype?

Mais recrutadores, profissionais de recursos humanos e profissionais de admissões de graduação estão usando o Skype para entrevistas, porque ele permite ao entrevistador ver o candidato e, ao mesmo tempo, eliminar o custo de viagem e de ligações telefônicas de longa distância.

A quem pode ser pedido fazer uma entrevista no Skype?

Qualquer pessoa, mas é mais provável se você estiver interessado em um cargo em outra parte do mundo ou que requeira o uso do Skype e ferramentas de videoconferência. Pode-se ter a expectativa de que consultores, engenheiros, professores ou tutores ensinando em cursos on-line façam parte do trabalho deles usando o Skype.

O que você pode fazer para aumentar sua chance de sucesso em uma entrevista via Skype?

- Leve-a a sério. Prepare-se.
- Vista-se de forma profissional — sem padrões ou listras excessivas, que distraiam o entrevistador. Isto é fundamental se sua webcam for de baixa resolução.
- Considere as competências-chave para o cargo e assegure que sua comunicação não verbal seja consistente com essas competências. Tenha a aparência adequada para o cargo e aja de acordo: reveja o Capítulo 6 para mais dicas.
- Olhe para a câmera, não para a tela do computador ou para suas anotações.
- Aponte a câmera para um fundo neutro, de preferência de cor sólida.
- Teste sua câmera e microfone antes da entrevista usando o Skype com um amigo. Verifique a iluminação para se assegurar que não crie sombras que o desfavoreçam.
- Antecipe os problemas tecnológicos, como uma defasagem quando alguém fala. Não deixe que esses problemas o perturbem — é uma oportunidade de mostrar seu profissionalismo. Tenha a expectativa de que um problema tecnológico possa ocorrer e fique agradavelmente surpreso por não ter ocorrido.
- Tome o cuidado de eliminar barulhos ao fundo, especialmente se estiver usando o Skype de casa.

O que são centros de avaliação?

É um método formal de avaliar candidatos para contratação, promoção ou transferência para uma função diferente. Ele usa simulações relacionadas ao trabalho (exercícios *in-basket* — para resolver todas as pendências na caixa de entrada e enviá-las para a caixa de saída), discussões em grupo, simulações de entrevistas, exercícios de averiguação ou solução de problemas, apresentações e tarefas escritas, entrevistas e testes psicológicos.

O que gerentes de setor, profissionais de recursos humanos e psicólogos avaliando candidatos em um centro de avaliação procuram?

Os candidatos são avaliados por comportamentos e ações que demonstrem seus pontos fortes nas áreas de competências-chave que a empresa considera necessárias para alguém ser bem-sucedido naquele cargo.

O que são centros de avaliação virtual?

São centros de avaliação conduzidos de forma remota usando Skype, webcams ou software para videoconferência. Conduzir um centro de avaliação em outra parte do mundo é muito menos dispendioso do que costumava ser, porque os custos com viagem e ligações telefônicas são eliminados.

Qual o melhor conselho se lhe for solicitado que participe de um processo através de um centro de avaliação?

- Não tente manipular o sistema. Se sua personalidade não for adequada para o cargo, você não terá êxito a longo prazo e certamente não ficará feliz.

- Esteja ciente das competências requeridas para o cargo e dos valores da empresa.
- Durma bem na noite anterior a qualquer entrevista ou atividade em centro de avaliação.
- O sucesso de seu dia depende de você; use suas habilidades sociais acima da média que demonstram forte inteligência emocional.

De que deve lembrar a respeito de e-mails quando for ser entrevistado para novos cargos?

- Verifique seus e-mails pelo menos duas vezes ao dia, e quando se comunicar com prováveis empregadores, use sentenças completas, pontuação apropriada e nenhuma abreviação de internet ou emoticons.
- E-mails são frequentemente usados em processos judiciais. Tenha o cuidado de não colocar neles qualquer coisa de que possa se arrepender, porque um especialista em computação forense provavelmente poderá encontrar essa informação, mesmo se você apagar o e-mail.
- Envie e-mails entre as 6 horas da manhã e a meia-noite: eles têm data e hora, e, fora desse horário, o entrevistador pode perceber que você está acordado em um período em que a maioria das pessoas dorme.

Que outras coisas considerar quando se trabalha com tecnologia em uma entrevista?

Certifique-se de que seu computador, software e conexão à internet estejam funcionando bem, porque você não quer que seu computador quebre quando realmente precisar dele. Tenha um Plano B em mente, no caso de ocorrer um problema. Se for entrevistado por alguém de outra geração, responda ao recrutador ou entrevistador usando o mesmo canal que eles usaram — por exemplo, se recebeu um e-mail, responda por e-mail. Não envie mensagens de texto, a não ser que o recrutador ou provável empregador envie uma para você primeiro.

O que é uma pergunta de entrevista de estudo de caso?

Uma pergunta que descreve uma situação e pede que você resolva um problema ou recomende uma solução. Essas perguntas podem variar em complexidade, dependendo da posição para a qual seja entrevistado, e podem ser incluídas como parte de uma entrevista com foco em competências ou de uma entrevista de estudo de caso em separado. Uma das razões de os entrevistadores usarem perguntas de estudo de caso é que, se lhe for oferecido o cargo, a alta direção e os clientes poderiam fazer perguntas semelhantes.

O que o entrevistador procura ouvir quando avalia sua resposta a uma pergunta de estudo de caso?

- O quanto você é lógico? É capaz de responder a perguntas rapidamente e sob pressão de uma maneira profissional e não defensiva?
- Com que rapidez é capaz de responder a perguntas que exijam fortes conhecimentos quantitativos e alguma análise?

Considere acrescentar o viés de entrevista com foco em competências ao início ou ao final de sua resposta para ilustrar que você tem experiência relacionada aos argumentos principais que você está colocando. Sempre que possível, relacione a situação a algo que tenha feito que mostre uma realização com foco em competências.

12. Desenvolva competências globais para o futuro

O cartunista Charles M. Schultz, criador das histórias em quadrinhos *Peanuts*, disse: "Não se preocupe que o mundo vá acabar hoje. Já é amanhã na Austrália." Quando conduzi uma entrevista com foco em competências em Guam, no final de 2011, as lojas vendiam camisetas com o slogan "Guam EUA — Onde o dia norte-americano começa." É fácil ver que os dois exemplos evidenciam uma perspectiva estadunidense. Meus amigos e leitores australianos poderiam dizer, exatamente com a mesma facilidade, que a América sempre vai estar um dia atrasada. Norte-americanos e europeus *nunca* alcançarão os australianos ou asiáticos enquanto a Linha Internacional de Data não mudar. Pelo menos, sabemos que com a internet e os canais de notícias temos oportunidade de receber informações internacionais importantes ao mesmo tempo ou em tempo bem próximo do real.

As corporações que realizam negócios internacionalmente sempre tiveram que tomar decisões difíceis quanto à melhor forma de serem organizadas. Deveriam estabelecer uma subsidiária estrangeira ou fazer uma *joint venture* (empreendimento conjunto) com uma empresa no país com que têm negócios? As decisões-chave são tomadas na sede corporativa, na subsidiária ou na divisão da organização baseada em outro país? Empresas internacionais sem fins lucrativos, hospitais e universidades lidam com muitas dessas questões quando decidem abrir um escritório, clínica ou *campus* em outro país. Essa tendência está crescendo. Por exemplo, a Universidade Northwester, onde estudei, decidiu estabelecer seu primeiro *campus* no exterior, em Doha, depois de ser contatada pela Qatar Foundation for Education, Science and Community Development em 2006.[1]

Além de tomar decisões sobre como as unidades internacionais de uma empresa devem ser estruturadas, os líderes das organizações também têm que decidir se devem usar as mesmas competências no mundo todo ou definir as competências de forma diferente com base nas distinções entre as culturas de cada país. Eles querem um conjunto de competências que se aplique ao mundo todo? Espera-se dos líderes das empresas que demonstrem as mesmas competências-chave de liderança onde quer que trabalhem, enquanto as competências para os funcionários podem ser tratadas de forma diferente por localidade? Eles acreditam que existam diferenças culturais que fariam com que os funcionários se comportassem de forma diferente no Japão e nos Estados Unidos? Escolhem usar as mesmas competências, mas ajustam os indicadores comportamentais para diferentes países ou culturas?

Max Underhill é diretor executivo da Maxumise, uma empresa de gestão de capital baseada em Sidney, Austrália.

Ele contou que, de preferência, recomenda que as organizações usem a mesma estrutura de competências para seus funcionários no mundo todo e que acredita que a maioria use o mesmo conjunto de competências globalmente. Dick Gerlach, consultor sênior para a Workitect, empresa especializada em desenvolver modelos de competências, concorda. Ele viu dois de seus clientes, uma empresa de cosméticos de alcance mundial e uma empresa internacional de engenharia, decidirem usar um só conjunto de competências de liderança em todo o mundo.

François Ducharme, diretor executivo do escritório do Hay Group em Ottawa, Canadá, tem uma perspectiva ligeiramente diferente. Ele disse que estão "se afastando do modelo de 'solução única' e que, geralmente, os procedimentos usados para demonstrar competências podem ser diferentes de cultura para cultura e de acordo com a função de liderança". Por exemplo, nos Estados Unidos alguém com grande desenvoltura no atendimento a clientes poderia fornecer a um cliente importante o número de seu telefone celular particular, mas isso é muito menos provável de acontecer na Europa ou no Canadá, onde a privacidade é muito importante. As empresas podem ter tipos diferentes de cargos de liderança que exijam competências distintas para o sucesso.

Ele me disse que mesmo traduzir competências de uma língua para outra engloba sutilezas que precisam ser consideradas, como a conotação das palavras. Para ilustrar este ponto, François contou que uma das palavras para conflito em francês, *conflit*, normalmente significa *problema interpessoal*, e esta é a definição mais usada.

Uma importante empresa sem fins lucrativos, sediada na Suíça, tem funcionários trabalhando em mais de cem países no mundo. Suas competências globais postadas on-line incluem:

1. Comunicação de forma confiável e efetiva
2. Conhecer a si mesmo e se autoadministrar
3. Produzir resultados
4. Progredir em um ambiente mutante
5. Incentivar a integração e o trabalho de equipe
6. Respeitar e promover as diferenças individuais e culturais
7. Dar o exemplo

Observe que as competências listadas são muito semelhantes às utilizadas na Johnson & Johnson e em muitas empresas que discutimos. Você pode encontrar outros exemplos de competências internacionais na internet, pesquisando no Google o nome de uma empresa e palavras como *competências* ou *competências globais*.

Neste capítulo, vamos examinar competências globais e interculturais que foram definidas por pessoas que trabalham em cargos internacionais. Eles podem ser consultores ou engenheiros que trabalham em projetos em outros países com culturas diferentes, ou podem ser entrevistados para cargos em empresas internacionais sem fins lucrativos como as Nações Unidas ou a OTAN. Depois, focaremos em algumas práticas de entrevista com foco em competências no Canadá e na Índia, para dar alguma perspectiva de como o processo de entrevista por competência pode ser diferente dependendo do país no qual você está sendo entrevistado ou onde a empresa está baseada.

COMPETÊNCIAS INTERCULTURAIS

Além de examinar as competências típicas usadas por empresas com funcionários vivendo e trabalhando por todo o mundo, algumas organizações examinam as *competências interculturais*, o que tem sido definido de modo geral como "a capacidade de operar de forma efetiva em outra cultura".[2] Se você for entrevistado para um cargo de diretor nacional para uma empresa de energia em outro país, precisa ser capaz de ser bicultural e, se possível, bilíngue.

Michael Stevens é sócio no Kozai Group, empresa de consultoria de professores focada em pesquisa e treinamento intercultural, professor de gestão e chefe de departamento na Universidade Estadual Weber, em Ogden, Utah. Ele falou sobre como "a diferença nas competências de liderança local e global é uma questão de medida. Com uma organização global, gerenciar pessoas pode ficar mais complicado, dependendo da cultura". Disse, por exemplo, que em termos de gestão de pessoas, a diferença entre fazer isso em Seattle, Washington (Estados Unidos) e Vancouver (Colúmbia Britânica, no Canadá) pode não ser tão grande quanto entre Seattle, Washington e Birmingham (Alabama), muito embora esses locais façam parte do mesmo país. Em outras palavras, de acordo com Mike Stevens: "Os desafios da liderança intercultural com a diversidade local podem ser simplesmente tão desafiadores quanto a liderança global."

Em um artigo publicado no *Journal of Managerial Psychology*, Mike Stevens e três colegas identificaram três competências interculturais principais: *gestão da percepção*, *gestão de relacionamento* e *autogestão*.[3] Como muitos dos modelos de competências atuais, esses fatores principais de competências interculturais têm competências listadas sob eles.

Competências interculturais[4]

Gestão da percepção	Gestão de relacionamento	Autogestão
Sem juízo de valor	Interesse em relacionamentos	Otimismo
Curiosidade e espírito investigativo	Envolvimento interpessoal	Autoconfiança
Tolerância com ambiguidade	Sensibilidade emocional	Identidade própria
Cosmopolitismo	Flexibilidade social	Resiliência emocional
Flexibilidade de interesses	Autoconhecimento	Tendência a não acumular estresse
Administração do estresse		

Se você tiver uma entrevista para um cargo que está alocado em outra cultura ou exija que interaja com pessoas de outras culturas, comece a pensar no que fez no passado que forneça evidências de que você tenha sido bem-sucedido em situações semelhantes. Conte com perguntas de entrevista visando essas competências.

Por exemplo, vamos pensar sobre uma pergunta de entrevista com foco em competências que poderia ser feita visando a competência **Cosmopolitismo**. De acordo com o artigo, cosmopolitismo é "interesse natural e curiosidade a respeito de países e culturas diferentes". Eis uma pergunta: *Fale-me o que você fez para se preparar para sua viagem de negócios para o Rio de Janeiro*. Isto poderia ser seguido de perguntas adicionais ou de sondagem, como: *O que você fez em seu tempo livre enquanto esteve lá? O que você faria de outra forma se tivesse outra oportunidade de ir lá?*

Por uma perspectiva de treinamento, se você estiver interessado em trabalhar em outro país ou cultura, saiba que a tendência de agir de modo seguro quando viaja e de descobrir restaurantes ou atividades disponíveis em seu país de origem não demonstra **Cosmopolitismo**. Conheço um profissional que procura por um mesmo restaurante sempre que vai para outra cidade, porque sabe que a comida será boa. Muito embora eu tenha visto alguns McDonald's em Cingapura, não parei lá — experimentei, tanto quanto me foi possível, a comida local, incluindo *chilli crab* (siri cozido ao molho de tomate e chili) e durião.

Essa relutância de algumas pessoas em se adaptar ou mudar também pode ser parte da competência intercultural **Flexibilidade Social**. Como Mike Stevens disse: "Alguns dos pesquisadores de ponta na área de competência intercultural estão reconhecendo que traços de personalidade são imutáveis — ou extremamente difíceis de mudar." Um exemplo sobre o qual conversamos foi flexibilidade, porque mesmo que você treinasse alguém para modificar a própria atitude rígida, provavelmente faz mais sentido comercial para uma organização escolher outro candidato para o cargo, que tenha postura e personalidade mais flexíveis.

Outro exemplo envolveria a competência **Sem juízo de valor**. A definição usada nesse artigo é "até que ponto uma pessoa está propensa a evitar ou suspender um julgamento sobre indivíduos, situações ou comportamentos que sejam novos ou não familiares".[5] Eis uma pergunta que poderia ser feita na entrevista: *Dê-me um exemplo de quando você teve uma experiência com pessoas de outra cultura fazendo algo incomum ou estranho.* O entrevistador ouviria, procurando linguagem negativa e prestando atenção a qualquer comunicação não verbal que contradissesse as palavras que o candidato usou.

Um de meus clientes, nascido e criado nos Estados Unidos, vem de uma família que imigrou para o país durante a Revolução Cubana nos anos 1950. Ele tem sido bem-sucedido como gerente nacional em vários países latino-americanos, porque é fluente em espanhol e se adaptou a cada cultura rapidamente por causa de sua experiência de trabalho na América Latina e de suas fortes competências interculturais. Muito embora a cultura cubana a que foi exposto em seu país de origem seja diferente das culturas do México e de países das Américas Central e do Sul, ele é capaz de identificar rapidamente seus elementos comuns, o que demonstra a competência **Flexibilidade de Interesses**, outra competência de **Gestão da Percepção**.

De país para país, de cultura para cultura, podem existir algumas diferenças na forma como as competências são enfatizadas, no comportamento que demonstra essas competências e no modo de se administrar as entrevistas com foco em competências. Optei por focar em dois países muito diferentes, Canadá e Índia, para dar a oportunidade de ver algumas das interessantes formas como as competências e entrevistas desse tipo são tratadas no mundo, e o que você precisa considerar se tiver uma entrevista em um desses países. Ambos são muito diferentes, e suas empresas demonstram ampla sofisticação sobre competências.

Canadá

Quando entrevistei consultores para o *Manual de currículos*, para a primeira edição de *Manual de entrevistas* e para *Competency-Based Performance Reviews* [Críticas a performances baseadas em competências, em tradução livre], ouvia o quanto alguns dos trabalhos por competências eram bons no Canadá. Depois que *Manual de entrevistas* foi publicado pela primeira vez, fui contatada por um estudante da Universidade Dalhousie, em Halifax, que se candidatava para uma faculdade de medicina no Canadá, onde usavam entrevistas com foco em competências nas admissões regularmente. Também recebi um contato de um membro da Polícia Montada Canadense, ou "The Mounties", para ajudá-lo a se preparar para uma entrevista com foco em competências. Assim, quando soube que ia incluir um capítulo sobre as entrevistas com foco em competências internacionais, ficou óbvio que eu precisava olhar para o Norte.

O governo federal canadense é um dos maiores empregadores do Canadá e tem trabalhado com competências por quase cinquenta anos. De acordo com François Ducharme, a ênfase em competências remonta ao Ato de Serviço Público no Canadá, que se tornou lei em 1967. As partes principais da lei focavam em "mérito, apartidarismo, justeza, acesso, transparência e representatividade".[6] No país, "as pessoas que são contratadas e promovidas no serviço público devem ter certas competências, capacidades e experiência".[7]

A ênfase em transparência fica evidente quando você examina o material disponível on-line. A Receita Federal do Canadá tem suas próprias competências comportamentais e técnicas listadas, e incluem escalas ancoradas em comportamentos que fornecem descrições das atitudes esperadas.[8]

De acordo com François Ducharme, quando se trabalha na Receita Federal canadense, você sabe das competências para seu próprio cargo e tem a capacidade de acessar facilmente as competências identificadas para outras posições em que você possa estar interessado no futuro. Instruções muito detalhadas sobre suas Entrevistas de Evento Comportamental Dirigidas estão disponíveis on-line.[9] Por exemplo, eles deixam claro que estão

> "[...] pedindo a você que fale sobre si. Então, o Consultor de Competências ouvirá, buscando declarações na primeira pessoa: 'Eu disse', 'Eu fiz' etc. Isso ajudará o consultor a compreender claramente o papel que você desempenha na situação que descreve. Observe que o Consultor de Competências não pode lhe dar crédito por uma atitude que ele não seja capaz de associar claramente a você. Assim, evite usar 'nós' quando descrever suas próprias atitudes."

O órgão governamental possui pessoas treinadas para entrevistar candidatos e avaliar o nível de competências demonstrado nos exemplos que os profissionais usam em suas respostas às perguntas da entrevista. Em alguns casos, de acordo com François Ducharme, os candidatos recebem uma lista de perguntas antes da entrevista para que tenham a oportunidade de pensar na forma como querem respondê-las e quais exemplos são os mais relevantes para o novo cargo.

Uma das preocupações para gestores em todo o mundo é que os candidatos exagerem suas realizações ou mesmo mintam sobre elas durante a entrevista. Na Receita Federal do Canadá dizem aos candidatos que eles não devem mentir e lhes pedem para assinar um termo de concordância, dando ao órgão o direito de validar ou verificar os exemplos que eles usam na entrevista. Os candidatos precisam estar preparados para fornecer aos entrevistadores uma lista de pessoas que possam confirmar os detalhes de seus exemplos e a contribuição específica feita pelo indivíduo, se ele tiver feito parte de um projeto ou equipe maior. O sistema é tão sofisticado que "indicadores de embelezamento" foram identificados. Quando "indicadores de embelezamento" são usados excessivamente durante a entrevista, isso deflagra uma verificação de validação.

Se você for entrevistado no Canadá pelo governo federal ou muitos outros empregadores que tenham um processo de entrevista com foco em competências semelhante, lembre-se de analisar as informações deles sobre suas competências e seu processo de entrevista. É prudente pensar bem em suas realizações mais consistentes e mais relevantes para cada competência que o empregador tenha identificado para o cargo. Você deve entender que, atualmente, essa orientação se aplica para além do Canadá.

Índia

A Índia é o segundo país mais populoso do mundo e espera-se que supere a China, passando a ter a maior população mundial até 2025. O país é reconhecido por possuir uma das economias que crescem mais rapidamente no mundo, e esse forte crescimento comercial cria alguns desafios e oportunidades para empresas internacionais e locais."

O Hay Group tem um interessante informativo técnico, *The Indian CEO: A Portrait of Excellence* [*O diretor executivo indiano: um perfil de excelência*, em tradução livre], em seu site que argumenta que, "para ser bem-sucedido na Índia, os executivos internacionais têm que ver o panorama comercial pela perspectiva indiana, reconhecendo que os negócios são vistos como um bem social".[10] A pesquisa da empresa mostrou que os diretores executivos indianos são focados em crescimento e têm consistência em competências-chave: sagacidade comercial responsável socialmente, liderança de equipe, força interior e a capacidade de lidar com acionistas externos. Quando comparados aos melhores diretores executivos de outros países, os da Índia também têm "níveis mais elevados de raciocínio adaptativo e motivação empresarial, mas um nível inferior de excelência na execução".[11] Além disso, mostraram menos comprovação de compreensão interpessoal e de apoio à equipe que os diretores executivos de países ocidentais, porém foco mais expressivo no bem maior do país. Comparados a seus pares na China e internacionalmente, os diretores executivos indianos gastam "um tempo desproporcional enfrentando questões com regulação e governança".[12] No informe e no livro de mesmo título, os autores mencionam que usaram o processo de entrevista de eventos comportamentais quando entrevistaram diretores executivos indianos para sua pesquisa. É importante perceber que, sempre que esse tipo de entrevista é realizado, o perfil é baseado na média para uma gama de personalidades e empresas.

Assim, se o perfil do diretor executivo na Índia for diferente dos daqueles em outras partes do mundo, como isso muda as entrevistas com foco em competências? Sabendo que os indianos possuem foco mais expressivo no *bem maior do país*, é razoável que se assuma que desejam que sua equipe de direção compartilhe esse mesmo valor ou competência. Por uma perspectiva de treinamento, eu incentivaria gestores interessados em trabalhar para companhias indianas bem-vistas como Tata Motors, Infosys ou Reliance Industries a estarem preparados para perguntas a respeito do que fizeram para tornar sua comunidade ou país melhor. A mesma orientação se aplica aos gerentes seniores entrevistados pelo diretor nacional indiano de uma empresa não indiana, porque eles precisam *se enquadrar* à comunidade de negócios na Índia.

Uma das competências principais em que os diretores executivos indianos têm classificação mais baixa do que seus pares internacionais é **Compreensão Interpessoal**. Isto é particularmente interessante por causa da ênfase na Índia no QI e da competição para entrar nas melhores universidades, como o IIT (Indian Institute of Technology). Por uma perspectiva de treinamento em entrevista, a pergunta é: o diretor executivo da companhia vê a necessidade de mudar a cultura deles e fortalecer o nível da competência **Compreensão Interpessoal** na empresa? A resposta pode depender do quanto os negócios da organização sejam locais ou internacionais. Se os clientes ou funcionários vêm de outra cultura, pode existir mais do que uma necessidade de fortalecer essas competências e contratar novos gestores ou funcionários que sejam consistentes nessa área. Isso pode ser influenciado simplesmente pela importância que os principais líderes da empresa acham que essa competência tem. Um exemplo de uma pergunta relacionada à compreensão interpessoal? *Dê-me o exemplo de uma situação em que a capacidade de se sintonizar com a reação do cliente fez a diferença.*

Como a cultura na Índia é geralmente reconhecida como mais formal do que na maioria dos países ocidentais, planeje se vestir de forma um pouco mais conservadora do que o faria para uma entrevista no Ocidente. Saris são normalmente usados pelas indianas para negócios. Seja respeitoso como seria em qualquer entrevista. É o que você precisa para conseguir a posição.

Embora Canadá e Índia forneçam bons exemplos para se considerar, quando você for entrevistado em outros lugares pelo mundo, conte com algumas diferenças. Ainda que muitas das principais competências possam permanecer as mesmas, diferenças de cultura e língua podem influenciar a forma como os entrevistadores percebem suas respostas a perguntas de entrevistas com foco em competências. Quando for entrevistado para um cargo em uma cultura diferente da sua, faça seu dever de casa. Lembre-se de que com a internet e as novas tecnologias o mundo está mais interconectado, ou mais plano se você ler o livro *O mundo é plano — uma breve história do século XXI*, de Thomas L. Friedman.

É importante perceber que as entrevistas com foco em competências são usadas em todo o mundo. Um indicador? De acordo com a WorldCat, que localiza quais bibliotecas dispõem de livros específicos, além de bibliotecas nos Estados Unidos, Canadá, Austrália, África do Sul e Nova Zelândia, a primeira edição de *Manual de entrevistas* está disponível nas bibliotecas do China European Business School, do Institute of Information Sciences, na Eslovênia, na American University, no Cairo, e no Academic College of Tel Aviv. Citando J. R. R. Tolkien, autor da trilogia O Senhor dos Anéis: "O vasto mundo está todo à sua volta; você pode se isolar dele, mas não pode ignorá-lo para sempre". Então, saia da cerca que o isola, viaje, viva no exterior e perceba que você pode aprender com pessoas de culturas e países diferentes. E até mesmo sobre competências.

PONTOS-CHAVE DO CAPÍTULO 12

Saia da cerca que o isola, viaje, viva no exterior e perceba que você pode aprender com pessoas de culturas e países diferentes. E até mesmo sobre competências.

Que decisões as organizações internacionais têm que tomar a respeito das competências?

- Elas usam as mesmas competências no mundo todo ou definem competências de forma diferente com base no país ou cultura?
- Elas querem usar um conjunto de competências no mundo todo?
- Espera-se que os líderes da organização demonstrem as mesmas competências-chave de liderança onde quer que trabalhem... enquanto as competências para os funcionários podem ser tratadas de forma diferente?
- Elas optam por usar as mesmas competências, mas ajustam seus indicadores comportamentais para diferentes países ou culturas?

O que precisa ser considerado quando se traduz competências de uma língua para outra?

Existem algumas sutilezas, como a conotação das palavras, que precisam ser consideradas.

Como você pode encontrar exemplos de competências globais?

Pesquise no Google o nome da organização e palavras como *competências* ou *competências globais*.

Qual é a definição de competência intercultural?

A capacidade de operar de forma efetiva em outra cultura.

Temos competências interculturais em um mesmo país?

Sim, se o país tiver uma população diversificada.

Quais são as três principais competências interculturais identificadas pelo Kozai Group?

Gestão da percepção, gestão de relacionamento e autogestão.

Quais são as competências interculturais identificadas pelo Kozai Group?

Gestão da percepção: Sem juízo de valor, curiosidade e espírito investigativo, tolerância com ambiguidade, cosmopolitismo, inclusão de categorias.

Gestão de relacionamento: Interesse em relacionamentos, envolvimento interpessoal, sensibilidade emocional, flexibilidade social, autoconhecimento.

Autogestão: Otimismo, autoconfiança, identidade própria, resiliência emocional, tendência a não acumular estresse, administração do estresse, flexibilidade de interesses.

Qual é a definição de cosmopolitismo?

Um interesse natural e curiosidade a respeito de países e culturas diferentes.

Você pode melhorar sua classificação em todas as competências interculturais?

Talvez não. Pesquisadores de ponta na área de competência intercultural reconhecem que os traços de personalidade são extremamente difíceis de mudar. Assim, as empresas estarão em uma situação melhor se contratarem pessoas que tenham as características, como flexibilidade social, que elas precisam em certos cargos.

O que provocou tanta ênfase em competências no Canadá?

É a lei no Canadá. O Public Service Employment Act, que se tornou lei desde 1967, enfatiza mérito, apartidarismo, justeza, acesso, transparência e representatividade. As pessoas contratadas para empregos do governo federal devem ter competências, capacidades e experiências específicas.

Por que eles enfatizam a transparência no Canadá?

É a lei. Quando se examina os materiais disponíveis on-line para os funcionários do governo canadense sobre entrevistas de eventos comportamentais, fica claro que o sistema deles é configurado para ser tão transparente quanto possível.

Como a Receita Federal canadense estabeleceu seu processo de entrevista de modo a reduzir as chances de um candidato exagerar ou mentir sobre uma realização?

Dizem aos candidatos para não mentir e que assinem um termo de concordância, dando ao órgão o direito de validar ou verificar os exemplos que eles usam na entrevista. Os candidatos precisam fornecer aos entrevistadores uma lista de pessoas que possam confirmar seus exemplos. O órgão identificou indicadores de embelezamento. Quando indicadores de embelezamento são usados excessivamente, isso deflagra uma verificação de validação.

Por que a Índia é considerada tão importante?

É o segundo país mais populoso e espera-se que tenha a maior população até 2025. Tem uma das economias que crescem mais rapidamente no mundo.

Quais são algumas das diferenças principais entre os diretores executivos indianos e os de outros países/culturas?

Diretores executivos indianos:

- Demonstram níveis maiores de raciocínio adaptativo e motivação empresarial, mas níveis inferiores de excelência na execução.
- Mostram menos evidências de compreensão interpessoal e apoio à equipe do que os diretores executivos de países ocidentais.
- Focam mais no "bem maior do país".
- Passam um tempo "desproporcional lidando com questões de regulação e governança".

O que gestores e outros profissionais deveriam fazer para se prepararem para entrevistas com empresas indianas importantes?

Por causa do foco no *bem maior do país*, estar preparado para perguntas de entrevista sobre o que fez para deixar sua comunidade/país melhor.

Tudo mais que você planejaria para se preparar para entrevistas em qualquer outro lugar.

13. Envie uma nota de agradecimento, dê acompanhamento, obtenha uma proposta e negocie

Imagine que você tenha terminado sua última série de ginástica nos Jogos Olímpicos. Praticou por anos e passou parte significativa de sua vida sobre barras paralelas assimétricas e em exercícios de solo. Você sabe que trabalhou duro com seu técnico e que acabou de fazer uma excelente apresentação. Agora, aguarda por sua pontuação final. Você conquistará a medalha de ouro, de prata ou de bronze? Da mesma forma que um ginasta, você acabou de ser testado em uma entrevista, teve o melhor desempenho de sua vida e gostou dos entrevistadores que conheceu. Essa é sua própria versão dos Jogos Olímpicos, porque você sabe que realmente deseja esse cargo.

Os entrevistadores fizeram quase todas as perguntas de entrevista com foco em competências que você esperava. Por ter desenvolvido as competências e feito um bom trabalho antecipando as perguntas, foi capaz de dar respostas ponderadas para comprovar o quanto é consistente em cada área de competência-chave. Você sabe que se saiu bem — agora, aguarda para descobrir se vai conseguir a proposta de trabalho. Você provavelmente está pronto para relaxar um pouquinho, mas ainda é muito cedo para isso. Não comemore agora — ainda não terminou o processo, porque não teve notícias do empregador. O que falta? Primeiro, você precisa tentar ser tão objetivo quanto possível e avaliar como foi a entrevista. Faça a si mesmo estas perguntas:

- O que eu fiz bem?
- O que eu poderia ter feito durante a entrevista para ser percebido como um candidato mais consistente?

Acredito que fazer uma reflexão após a entrevista seja extremamente importante. Converse com seu orientador de carreira ou de entrevista, repasse as perguntas e respostas e procure oportunidades de ajustá-las para que fiquem mais específicas, concisas, lógicas ou positivas. Pergunte a si mesmo se há algo que fez, verbalmente ou não, que possa ter passado uma mensagem negativa aos entrevistadores. Você pode ser bom, mas sempre pode ser melhor. Digo aos estudantes em aulas de comunicação que eu provavelmente daria ao Dr. Martin Luther King Jr. um 9,8 ou 9,9 em seu discurso "Eu tenho um sonho", que é considerado um dos melhores discursos do século XX. Suas técnicas de entrevista, assim como suas habilidades de escrita e apresentação, podem sempre ser estendidas para o próximo nível. Então, o que mais é importante a essa altura? Você precisa enviar uma nota de agradecimento bem-escrita e com foco em competências para cada entrevistador e depois planejar o acompanhamento na hora certa. Quando conseguir uma oferta, pode decidir negociar com o empregador. Se não obtiver uma proposta, pode optar por manter contato para demonstrar seu interesse em ser considerado para outras oportunidades no futuro.

ENVIE UMA NOTA DE AGRADECIMENTO

Felizmente, você se lembrou de pedir cartões de visita de cada entrevistador que conheceu. Se eles não tinham cartões de visita, você lembrou de incluir seus nomes em suas anotações feitas imediatamente após a entrevista. Você também anotou alguns dos detalhes específicos de que se lembrava de cada entrevistador para permitir que escrevesse notas de agradecimento pessoais, não genéricas. E, claro, fez uma lista das perguntas que lhe foram feitas. Notas de agradecimento ainda são importantes no mundo dos negócios. Elas podem fazer uma diferença positiva na forma como o entrevistador o percebe como candidato. Mas elas também podem exercer um impacto negativo. Já vi candidatos eliminados porque enviaram notas de agradecimento com gramática pobre e carinhas sorridentes, ou com o nome do entrevistador ou da empresa grafado incorretamente. Suas notas de agradecimento devem ser tão sofisticadas e profissionais quanto você. Então, faça uma leitura e passe o corretor ortográfico. Use letras maiúsculas de forma apropriada, sentenças completas e sempre boa pontuação, gramática e grafia. Evite usar carinhas sorridentes, abreviações da internet ("cmg", "fvr", "qdo") e emoticons.

No ambiente de negócios, a maioria dos candidatos deve planejar enviar suas notas de agradecimento dentro de 24 horas por e-mail. Pense na forma como você quer ser percebido — usar e-mail mostra que você está atualizado com a tecnologia. A única exceção a esta recomendação em que posso pensar é com organizações sem fins lucrativos, onde ainda se espera que muitos profissionais escrevam do próprio punho notas para doadores e voluntários. De acordo com Delphia York Duckens, diretora de assuntos externos no Museu Nacional Smithoniano de História e Cultura Afro-americanas, mesmo as empresas sem fins lucrativos começam a mudar. Ela disse: "Estamos começando a ver que o e-mail é mais usado para notas de agradecimento e outros comunicados." Então, se você está tentando tomar a decisão quanto a enviar sua nota de agradecimento a uma organização sem fins lucrativos usando o e-mail ou o tradicional e lento correio, considere o quanto essa organização possa estar avançada em termos de tecnologia. Envie as notas de agradecimento entre as 6 horas da manhã e a meia-noite, porque seu e-mail mostrará a hora e a data, e você não quer ser visto como uma excêntrica coruja da noite. Ainda que você seja! E, finalmente, espere pelo menos três horas após a entrevista para enviar notas de agradecimento, para não parecer desesperado.

PASSOS PARA ESCREVER UMA NOTA DE AGRADECIMENTO COM FOCO EM COMPETÊNCIAS BEM-REDIGIDA

Antes de começar a escrever a nota de agradecimento, faça a si mesmo estas perguntas:

- Que competências são necessárias para a posição para a qual fui entrevistado?
- Houve alguma competência que os entrevistadores tenham mencionado sobre a qual não falei na entrevista? Ou uma sobre a qual não forneci detalhes suficientes para provar que sou competente nela?
- Fiquei impressionado com alguma coisa que qualquer um dos entrevistadores tenha discutido?
- Houve alguma coisa que eu tenha deixado de fora que fosse importante ou que eu poderia ter explicado melhor?
- O que aprendi sobre a organização, a cultura corporativa e o estilo de gestão que me ajudará a explicar mais efetivamente por que sou uma boa escolha para o cargo?

Quando escrever a nota de agradecimento:

- Dirija cada nota de agradecimento para uma pessoa específica, mesmo que você tenha sido entrevistado por um grupo ou comissão. Notas de agradecimento individuais, feitas sob medida, são sempre mais apreciadas.

- Primeiro, diga "obrigado" ao entrevistador — que você apreciou a atenção dele ou a oportunidade de fazer a entrevista. Diga a ele que apreciou encontrar-se com ele e aprender mais sobre o cargo.
- Segundo, diga-lhe algo sobre o quanto você está mais interessado no cargo e ainda mais convencido de que seria bem-sucedido, agora que conversou com ele. Identifique como suas competências correspondem às necessidades dele (use sinônimos para as competências para ser um pouco mais sutil, mas ainda assim passar sua ideia) e como beneficiarão seu departamento ou empresa. Relacione seus comentários a algo que foi dito na entrevista, por exemplo: "Fiquei particularmente impressionado quando você falou sobre..."
- Terceiro, diga-lhe que você aguarda notícias em breve e ficaria feliz em responder a quaisquer perguntas ou fornecer quaisquer informações adicionais de que ele possa precisar.
- Certifique-se de lembrar-se de colocar o nome do entrevistador na parte superior do e-mail e seu nome na de baixo. Se você quiser começar o e-mail com "Caro (a) [*nome do entrevistador*]", termine com uma saudação (*Atenciosamente* funciona melhor) antes de seu nome.

Sempre faça uma edição final com o corretor ortográfico para assegurar que o e-mail reflita seu profissionalismo e atenção aos detalhes.

ACOMPANHAMENTO

No final da entrevista, a maioria dos entrevistadores lhe dirá:

- Quais são os próximos passos.
- De quanto tempo eles precisam antes de lhe darem um retorno.

Se não lhe fornecerem essas informações, você deve pedir diretamente, dizendo: "Estou muito interessado nesta oportunidade. Qual é o próximo passo?" Também pergunte: "Quando é adequado para eu fazer contato com você?" Muitos entrevistadores e profissionais de recursos humanos são otimistas demais quanto ao momento oportuno e lhe dirão, com boas intenções, que vão dar um retorno dentro de certo período de tempo, como uma ou duas semanas. As prioridades, em qualquer empresa, mudam continuamente, e existem razões comerciais válidas se o processo tomar mais tempo do que o esperado. Durante meus anos como profissional de recursos humanos, aprendi a superestimar o tempo necessário para dar ao candidato uma resposta e evitar desapontá-lo. Lembre-se de que os entrevistadores sempre têm outros projetos e tarefas importantes e mesmo uma crise ou duas para enfrentar. Administre suas próprias expectativas e dê a eles o benefício da dúvida.

Aprenda a dobrar o tempo que o entrevistador disser que vai levar para lhe dar um retorno depois da entrevista. Fique agradavelmente surpreso se ele for capaz de responder mais cedo.

Se um entrevistador lhe disser para entrar em contato em duas ou três semanas, faça-o. Não seja inconveniente, mas seja persistente e profissional. Use o bom senso, mas seja respeitoso com o tempo dele. Nem mesmo pense em ligar diariamente, a não ser que você esteja sendo entrevistado para uma posição de invasor de privacidade. Na maioria das situações, fazer contato a cada uma ou duas semanas é apropriado. Se lhe disserem que o cargo foi colocado em suspenso, pergunte ao entrevistador quando você deve fazer contato para uma conversa rápida.

Finalmente, se você receber uma proposta, ligue ou envie um e-mail para os entrevistadores em outras organizações para as quais foi entrevistado. Diga-lhes que recebeu uma oferta. Se estiver interessado nas oportunidades deles, faça-os saber que ainda está interessado e que eles são sua primeira opção (ou uma de suas principais opções).

NEGOCIE

Parabéns! Você acabou de receber uma proposta de emprego e, muito embora esteja entusiasmado, sabe que poderia ser melhor. O que você deve fazer agora?

- Agradeça ao entrevistador ou profissional de recursos humanos e faça-o saber que você realmente apreciou a proposta.
- Peça a oferta por escrito. Deixe o empregador decidir a forma de enviá-la para você. Na maioria dos casos, provavelmente vão enviar um e-mail com a proposta, além de explicar como consultar informações sobre os benefícios no site da empresa.
- Diga ao entrevistador que você quer analisar todas as informações e que está certo de que terá algumas perguntas a fazer. Pergunte se seria conveniente para ele se você o contatasse novamente em dois ou três dias, com suas respostas (ou perguntas).
- Fale com sua rede de contatos para ajudá-lo com algum serviço secreto. O presidente dos Estados Unidos pode ter a CIA à sua disposição, mas a maioria de nós descobre todos os tipos de informação de pessoas que conhecemos — ou pessoas que elas conhecem — que poderiam nos ajudar a negociar mais efetivamente. Lembre-se da teoria sobre os seis graus de separação — notadamente, podemos ter acesso a qualquer pessoa que quisermos, se pedirmos o contato do contato do contato do contato do contato de nosso contato.
- Tente descobrir informações sobre a faixa salarial para esse cargo em sua área geográfica, se a

empresa negociará, o que é normal para férias e que acordos especiais (bônus de admissão, subsídios para carro, bônus, benefícios, afiliações e assim por diante) a organização possa ter oferecido a outras pessoas em cargos semelhantes ou em nível semelhante.
- Faça seu dever de casa e saiba o que pode ser negociável e o que não pode. Salário e férias são certamente negociáveis em muitas empresas, particularmente se você já tiver alguns anos de experiência. Planos de qualificação para benefícios, incluindo fundos de pensão ou outros planos de aposentadoria, são definidos para toda a empresa e são fortemente regulados. Não desperdice seu poder de barganha tentando fazer com que uma organização abra uma exceção para você em um plano que possui restrições legais. Se você for trabalhar com um recrutador, ele pode saber algumas dessas informações ou estar disposto a ajudá-lo a encontrá-las.
- Perceba que negociar bem exige boas informações e bom julgamento. Cada situação é diferente, e é difícil identificar um conjunto de regras que funcione em todas as situações. Você provavelmente se beneficiaria se conversasse sobre a oferta com alguém com informações de dentro da empresa ou com um bom conhecimento do mercado em seu campo profissional.
- Se você decidir negociar, lembre-se de que seu objetivo é que as duas partes saiam ganhando. Você quer que as pessoas com quem vai trabalhar *queiram* trabalhar com você depois que tiver terminado

de negociar e aceitado o cargo. Identifique de três a cinco de suas prioridades que você queira negociar e examine-as durante a conversa. Não é justo estabelecer uma coisa de cada vez e voltar para negociar a próxima prioridade. Você pode obter o que deseja a curto prazo, mas perder a confiança de longo prazo de que precisa para construir relacionamentos efetivos e realizar o trabalho. Então, trate a pessoa que está representando a empresa na negociação, seja ela seu futuro diretor ou profissional de recursos humanos, com respeito.

- Sempre enfatize os aspectos positivos no início de qualquer negociação e deixe a outra pessoa saber o quanto você está entusiasmado com a oportunidade. Diga à pessoa que representa a empresa o quanto está impressionado com as pessoas e liste tudo o que for capaz de pensar que há de bom sobre a oportunidade. Depois, explique novamente por que você é uma escolha boa para o cargo. Em seguida, diga algo como: "Tenho que admitir que estou um pouco desapontado com o [salário, sistema de férias etc.] e penso se há espaço para negociação." Depois, pause e veja o que a pessoa diz.
- Lembre-se do velho ditado: "Quem não chora não mama." Você dificilmente terá arrependimentos se negociar com respeito e profissionalismo e pode conseguir o que deseja — e sentir-se ainda melhor quanto a aceitar a oportunidade de trabalho.

A propósito, os juízes acabaram de voltar. Não diga a ninguém, mas você *realmente* ganhou o ouro.

PONTOS-CHAVE DO CAPÍTULO 13

Não seja inconveniente, mas seja persistente e profissional.
Se você não pede, não ganha.

Você pode relaxar quando a entrevista terminar?

Ainda não. Você precisa refletir, enviar uma nota de agradecimento com foco em competências e fazer contato nas ocasiões apropriadas.

Que perguntas você deveria fazer a si mesmo depois da entrevista?

O que eu fiz bem durante a entrevista?
O que eu poderia ter feito para ser percebido como um candidato mais consistente pelo entrevistador?

De que informações você precisa antes de escrever suas notas de agradecimento?

Certifique-se de ter o nome, o título e o e-mail corretos para cada entrevistador. Examine suas anotações para apresentar pontos específicos que seu entrevistador mencionou para incluir em uma nota de agradecimento personalizada, sob medida.

Como você deve enviar suas notas de agradecimento?

Use o e-mail, a não ser que você tenha uma razão muito boa para usar o lento correio tradicional. Envie notas de agradecimento por e-mail até 24 horas após sair da entrevista, mas não nas primeiras três horas. Evite enviar e-mails entre meia-noite e 6 horas da manhã.

O que mais você deve se lembrar a respeito de suas notas de agradecimento?

- Não seja exageradamente informal. Use letras maiúsculas quando apropriado, verifique grafia, pontuação e gramática e evite as abreviações da internet e emoticons.
- Escreva notas individualizadas para cada entrevistador.
- Edite a nota e passe o corretor ortográfico.

Como se redige uma nota de agradecimento com foco em competências?

Reitere como sua experiência converge para as competências que o empregador precisa para ser bem-sucedido. Fundamente seu argumento sobre a experiência relevante dando um exemplo específico.

Quando você deve fazer contato depois da entrevista?

Depende. Felizmente, o entrevistador lhe disse quando você pode esperar um retorno dele. Dobre qualquer que seja o prazo que ele lhe deu. Se o entrevistador lhe disse quando entrar em contato, ligue quando ele lhe falou para ligar.

O que você deve fazer imediatamente após receber uma oferta?

- Agradeça à pessoa que lhe ofereceu a proposta.
- Peça-a por escrito.
- Diga ao entrevistador que você tem certeza de que terá algumas perguntas e que retornará assim que tiver analisado a oferta e os benefícios.

Como você se prepara para negociar com um provável empregador?

- Faça algum trabalho de serviço secreto — aprenda sobre salários típicos para o cargo em sua área geográfica, se a empresa tem um histórico de negociar, o que é normal no tocante a férias e outros benefícios e vantagens.
- Saiba o que normalmente é negociável (salário e férias, por exemplo) e o que nunca é negociável (fundos de pensão e outros planos de aposentadoria).
- Decida qual é o item mais importante e depois acrescente duas ou três outras coisas em que focar durante sua negociação com o empregador.

Que resultado você deseja quando negocia uma oferta?

As duas partes saem ganhando. Você quer conseguir o máximo possível e, ao mesmo tempo, garantir que as pessoas na organização irão querer trabalhar com você.

Por que você deve tentar negociar com o empregador?

Muitos empregadores lhe oferecerão apenas o básico, porque esperam que você negocie. Se você não pedir férias extras, salário, bônus de admissão ou um pacote melhor de transferência, você não os terá. Se não tentar, pode se arrepender. Se você realmente negociar, pode se surpreender com o que é capaz de conseguir.

14. Administre produtivamente sua carreira em empresas com foco em competências

Observe um dia em que você está supremamente satisfeito no final. Não é um dia em que passa o tempo relaxando, sem fazer nada; é quando você tem tudo para ser feito e você o fez.

— Margaret Thatcher

Parabéns! Você aprendeu o que é necessário para vencer em uma entrevista com foco em competências e agora se prepara para começar naquele excelente emprego que desejava. Você está entusiasmado com a oportunidade e quer se sair bem. O que precisa saber para administrar produtivamente sua carreira em uma empresa com foco em competências? Como você pode tirar proveito de sua promoção para um novo cargo em uma unidade diferente de sua própria organização? Quando estava na escola, aprendeu que os melhores estudantes sempre faziam um esforço para compreender suas tarefas e fazer o que os professores pediam.

Em seu livro *Tudo o que eu devia saber aprendi no jardim de infância*, Robert Fulghum argumenta que nós provavelmente aprendemos esse tipo de comportamento quando somos muito jovens. Em seu novo cargo, você precisa virar um bom estudante novamente. É importante que compreenda o sistema e aprenda como operar nele se quiser ser bem-sucedido.

Você já deu os primeiros passos em direção à administração de sua carreira em uma empresa com foco em competências. Identificou as competências de que precisa para ser bem-sucedido no cargo e pensou em como suas realizações ajudam a provar que você é competente nas áreas mais fundamentais. Além disso, aprendeu a falar sobre suas realizações quando responde a perguntas comportamentais com foco em competências. À medida que dá prosseguimento à sua carreira, precisa estar ciente do quanto é importante fortalecer, monitorar e dominar as competências certas. Para ajudar a garantir que você seja percebido como o astro que eu sei que é, tenho sete sugestões sobre o que você pode fazer para administrar produtivamente sua carreira no modelo com foco em competências:

1. Aprenda a redigir declarações de realizações com foco em competência para usar nos planos de desenvolvimento de funcionários, nas avaliações de desempenho e em outras situações.
2. Estabeleça e use um sistema para monitorar suas competências.
3. Faça suas competências fundamentais evoluírem para um nível superior.
4. Identifique e supere quaisquer déficits de competência.

5. Desenvolva competências de que você necessitará para posições futuras.
6. Promova sua carreira, certificando-se de que seus gestores conheçam suas competências.
7. Forneça a seu gestor uma lista atualizada de suas realizações em cada área de competência-chave antes de sua avaliação de desempenho.

Vamos analisar cada uma dessas recomendações mais detalhadamente.

Aprenda a escrever declarações de realizações com foco em competência para usar nos planos de desenvolvimento de funcionários, avaliações de desempenho e outras situações

Pense em suas respostas às perguntas da entrevista com foco em competências. Quando você se preparava para a entrevista, montou uma lista de suas realizações em cada área de competência relevante. Você já pensou em seus exemplos. Agora, apenas tem que transformá-los em declarações de realizações verdadeiras — em outras palavras, escreva-as! Eis algumas outras dicas sobre como redigir declarações efetivas de realizações com foco em competências:

- Foque em suas realizações que provem suas competências.
- Diga tanto quanto for capaz em poucas palavras. Não use orações independentes ou palavras não pertinentes que não acrescentem ao conteúdo. Seja conciso.

- Sempre comece com uma palavra de ação.
- Reflita sobre a situação/tarefa/problema, ação e resultado de cada realização. Decida se o resultado, a ação ou o processo vão ser importantes para o empregador e faça disso a primeira parte de sua declaração de realização.
- Tente fornecer números, estatísticas ou indicadores financeiros para ajudar o leitor a entender o escopo do empreendimento ou projeto. Seja específico e forneça detalhes suficientes para ser verossímil.
- Assuma que seus leitores são inteligentes, mas podem não conhecer detalhes de sua principal área de negócios ou profissional.
- Faça suas declarações de realizações tão consistentes quanto possível, sem mentir. Lembre-se de enquadrar sua resposta da forma mais positiva possível e ser, ao mesmo tempo, honesto.
- Sempre que possível, tente incluir exemplos de destaque sobre os quais seus executivos seniores terão conhecimento.

Aprender a escrever declarações dirigidas de realizações com foco em competências é um dos passos mais importantes para administrar sua carreira de forma efetiva em empresas com foco em competências — na verdade, em quase todo tipo de organização. Para mais dicas sobre como usar essas declarações para defender você ou sua equipe durante análises de desempenho, talvez queira ler meu terceiro livro *Competency-based Performance Reviews* [*Críticas a performances baseadas em competências*, em tradução livre].

Dois exemplos de declarações efetivas de realizações com foco em competências:

- Trabalhei como membro-chave do grupo de discussão pelas melhores práticas para gestão de dados; ajudei a criar justificativas econômicas para adquirir mais capacidade de armazenamento de dados.
- Reconhecido pelo vice-presidente por conduzir com sucesso equipe de projeto para reduzir o processamento do utilitário de três horas para dez minutos por dia e aumentar a precisão em 30%; melhorou os relacionamentos com seis clientes principais.

Estabeleça e use um sistema para monitorar suas competências

É importante gastar algum tempo estabelecendo um sistema para monitorar suas realizações e as competências que são demonstradas em cada realização. Poucas empresas, se é que alguma o fez, desenvolveram esse tipo de sistema para os funcionários, então você provavelmente precisa pensar em estabelecer um sistema que funcionará para você. Não importa se vai usar um gráfico do Word, uma planilha do Excel, banco de dados do Access, aplicativos para seu telefone ou o antiquado sistema de arquivamento em papel, você deve incluir realizações relacionadas com:

- As competências identificadas para seu cargo atual.
- As competências que você precisaria para cargos para os quais gostaria de ser considerado no futuro.

Faça suas competências fundamentais evoluírem para um nível superior

Quando você souber as competências fundamentais para seu cargo atual, precisa identificar as realizações que comprovem sua própria competência em cada área. Procure oportunidades para ganhar experiência, mostrando que seu trabalho está em um nível ainda mais elevado e sofisticado de competência. Peça para ser considerado para certas tarefas. Encontre um mentor ou treinador para ajudá-lo a se desenvolver. Faça cursos oferecidos por sua empresa, em faculdades e universidades. Considere fazer algum trabalho voluntário ou dar aulas para fortalecer suas competências.

Identifique e supere quaisquer déficits de competência

Em alguns casos, suas áreas de competência mais fracas podem lhe oferecer as maiores oportunidades para crescimento. Quais são as competências que você não consegue comprovar, porque não possui nenhuma experiência direta nessas áreas? Esses são seus déficits de competência, e devem ser resolvidos e eliminados. Em muitos casos, as pessoas decidem que podem compensar seus déficits usando outras competências. A percepção conta. A questão-chave, nesse caso, é se seu gestor percebe o déficit como uma vulnerabilidade a ser superada. Se sim, trabalhe nesse déficit!

Quando um bom funcionário é transferido para outra área ou departamento, é razoável esperar alguns déficits de competência. Pense em um engenheiro sendo transferido para vendas, ou um gerente de recursos humanos que se torna gerente de linha de produção. Nesses casos, o novo gerente e outras pessoas-chave normalmente elaboram uma programação extensiva no trabalho e em sala de aula e treinam o funcionário transferido diligentemente. Todos se beneficiam quando a transferência é reconhecida como bem-sucedida e o funcionário transferido supera seus déficits de competências.

Desenvolva competências de que você necessitará para posições futuras

Onde você quer estar em cinco ou dez anos? Além das competências de que você necessita para sua posição atual, precisa começar a fazer algum trabalho agora, na fase inicial, que o ajudará a comprovar que tem as competências necessárias para as oportunidades mais complexas que vêm depois. Se fizer isso quando estiver sendo considerado para sua próxima promoção, deve ficar claro para os principais tomadores de decisões que você tem trabalhado naqueles níveis mais complexos há algum tempo. Você já demonstrou sua competência nas áreas-chave necessárias para realizar um bom trabalho.

Promova sua carreira, certificando-se de que seus gerentes conheçam suas competências

Você já se lamentou por não conseguir um trabalho ou cargo porque o gestor que toma a decisão não percebeu que você possuía experiência em certa área? Não deixe que isso aconteça novamente. Certifique-se de que os gestores tenham conhecimento de quaisquer competências suas que *não* são usadas em seu cargo atual, mas que poderiam ser usadas no futuro. Por exemplo, se você souber que sua empresa está examinando uma aquisição na Argentina e você viveu lá por três anos antes da faculdade, certifique-se de que os gestores tenham conhecimento de que você tem as competências de **Compreensão Interpessoal e Sensibilidade Multicultural** e, talvez o mais importante, que você as pode *comprovar*. Mesmo que tenha mencionado isso para seu gestor dois anos atrás em sua entrevista, lembre-o de que você é bicultural e bilíngue e adoraria ter a oportunidade de trabalhar na aquisição.

Quando você tiver relacionado uma realização a uma das competências fundamentais para seu cargo, certifique-se de que seu gestor o saiba. Simplesmente chame-o ao seu escritório para lhe dizer o quanto você está entusiasmado porque um projeto específico está se desenvolvendo bem e para descrever os resultados. Se estiver trabalhando virtualmente, inclua a notícia de sua realização ao falar por telefone com seu gestor.

Forneça a seu gestor uma lista atualizada de suas realizações em cada área de competência-chave antes de sua avaliação de desempenho

Ao monitorar suas realizações por área de competência por vários meses ou mesmo um ano inteiro, você deve estar preparado para fornecer essa informação para seu gestor sempre que isso puder ajudá-lo. Quanto a ajudar sua própria carreira, entretanto, uma das melhores ocasiões para comunicar essa informação para seu gestor é três ou quatro semanas antes de sua avaliação de desempenho. Liste cada realização sob a competência mais relevante. Você pode também querer identificar as outras competências demonstradas pela realização para seu gestor.

CONCLUSÃO

Se você considerar competências quando administrar produtivamente sua carreira e seguir as dicas deste capítulo, ficará à frente da maioria das pessoas que você considera como concorrência na empresa. Não estou surpresa — sempre soube que você era um astro!

PONTOS-CHAVE DO CAPÍTULO 14

"Observe um dia em que você está supremamente satisfeito no final. Não é um dia em que passa o tempo relaxando, sem fazer nada; é quando você tem tudo para ser feito e você o fez."

O que você pode fazer para administrar sua carreira no modelo de foco em competências?

- Aprender a escrever declarações de realizações com foco em competências para usar em planos de desenvolvimento de funcionários, autoavaliações e outras situações.
- Estabelecer e usar um sistema para monitorar suas competências.
- Fazer suas competências fundamentais evoluírem para um nível superior.
- Identificar e superar quaisquer déficits de competência.
- Desenvolver competências de que você necessitará para posições futuras.
- Promover sua carreira para seus gestores.
- Fornecer a seu gestor uma lista de suas realizações em cada área de competência antes de sua avaliação de desempenho.

O que você deve ter em mente quando escrever declarações de realizações com foco em competências?

Baseie-se nas realizações que você identificou para responder a perguntas de entrevistas com foco em competência:

- Foque em suas realizações que comprovem competências.
- Diga o máximo que puder em poucas palavras.
- Não use orações independentes ou não pertinentes tipo "tapa-buraco".
- Sempre comece com uma palavra de ação.

- Lembre-se de pensar sobre o SAR de cada realização.
- Decida se o resultado, a ação ou o processo vão ser importantes para o empregador e faça disso a primeira parte de sua declaração de realização.
- Tente fornecer números, estatísticas ou indicadores financeiros para ajudar o leitor a entender o escopo do empreendimento ou projeto. Seja específico e forneça detalhes suficientes para ser verossímil.
- Assuma que seus leitores são inteligentes, mas podem não conhecer detalhes de sua área principal de negócios ou profissional.
- Faça suas declarações tão consistentes quanto possível, sem mentir.
- Inclua exemplos de destaque sobre os quais seus executivos seniores poderiam ter conhecimento, se possível.

Que tipo de sistema você deve estabelecer para monitorar suas competências?

Se seu empregador não dispuser de um sistema, descubra o que funcionará melhor para você. Você pode usar um gráfico do Word, uma planilha do Excel, um banco de dados ou o sistema antiquado de arquivamento.

O que você precisa monitorar?

Realizações e as competências que elas mostram.

O que você precisa lembrar quando tiver informações a respeito de seu treinamento e desenvolvimento ou de futuras atribuições?

Use essas oportunidades para fazer suas competências evoluírem para um nível superior de seu cargo atual *e* de possibilidades futuras de trabalho. Você também pode usar isso como forma de superar quaisquer déficits de competência que tiver.

O que mais você pode fazer para ajudar a administrar sua carreira em uma organização com foco em competências?

- Faça todo o esforço para se comunicar com seu gestor sobre suas realizações em áreas de competências-chave.
- Não seja modesto demais.
- Use a linguagem de competências.
- Forneça a seu gestor uma lista de suas realizações escolhidas por área de competência três a quatro semanas antes de sua avaliação de desempenho.

15. Use currículos com foco em competências para conseguir sua próxima entrevista

A mente do homem, uma vez ampliada por uma nova ideia, jamais recupera suas dimensões originais.

— Oliver Wendell Holmes

Quando li pela primeira vez a citação acima, pensei em minha nova ideia de currículos com foco em competências. É verdade que minha mente jamais foi a mesma, e eu realmente gosto de achar que está melhor. Assim, com o devido respeito ao Sr. Holmes, substitua as palavras *A mente do homem* por *A mente de uma pessoa*. Dar aos funcionários alguma bagagem sobre competências, sobre como eles podem lidar com entrevistas com foco em competências e aprender a se desenvolver em uma organização com foco em competências é outra ideia nova. Você passou a maior parte deste livro aprendendo a ser bem-sucedido em entrevistas para ajudá-lo a conseguir o emprego que realmente deseja.

No capítulo anterior, você aprendeu a escrever declarações de realizações com foco em competências. Também começou a pensar em como monitorar e desenvolver suas competências e como comunicar-se de forma mais efetiva com seus gestores sobre suas competências. Você está naquele excelente emprego, está indo bem e já provou o quanto é competente durante um longo período. Mas não fique muito confortável. Está na hora de ir além de seus limites, expandir-se, começar a pensar em sua próxima oportunidade, e, portanto, você precisa estar preparado. Está na hora de elaborar seu primeiro currículo com foco em competências ou fazer uma revisão do currículo com foco em competências que você usou para conquistar seu último cargo.

POR QUE VOCÊ DEVE ESCREVER UM CURRÍCULO COM FOCO EM COMPETÊNCIAS

Currículos com foco em competências são muito mais eficazes do que os tradicionais. Eles proporcionam uma vantagem com empregadores, porque visam as competências que estes procuram no mercado de trabalho. Currículos com foco em competências consideram as necessidades do empregador em primeiro lugar e, depois, ajudam a provar que você corresponde ao que ele busca. Um currículo bem-escrito com foco em competências inclui declarações dirigidas claras das realizações e uma seção de resumo que vise as competências que o empregador precisa para ser bem-sucedido agora e no futuro. Por que você deve usar um currículo com foco em competências? Ele venderá sua experiência de forma mais efetiva para os empregadores e aumentará suas chances de conseguir a entrevista. Mesmo em empresas que não tenham foco em competências, um currículo com esse tipo de foco lhe proporcionará uma vantagem, porque é feito visando as reais necessidades do empregador.

PASSOS PARA ESCREVER UM CURRÍCULO COM FOCO EM COMPETÊNCIAS

O método para se redigir currículos com foco em competências é diferente da forma como você talvez tenha escrito currículos no passado. Para elaborar um currículo com foco em competências eficaz, bem-elaborado, é preciso seguir estes passos:

1. Identifique competências para o cargo.
2. Pense no que você fez que demonstre *expertise* ou experiência em cada uma dessas competências.
3. Desenvolva declarações de realizações para o máximo de competências possível.
4. Escreva a seção de resumo que enfatiza sua experiência e pontos fortes para as competências-chave para o cargo.
5. Determine o formato de currículo com foco em competências — cronológico, funcional, por competências diretas ou uma combinação — que melhor se adapte às suas necessidades, e prepare seu primeiro rascunho do currículo.
6. Lembre-se de incluir seções sobre sua escolaridade e qualquer outra informação relevante para prováveis empregadores.

7. Acrescente declarações adicionais de realizações relacionadas às competências e, se ainda houver espaço, outras declarações de realizações.
8. Priorize frases relacionadas a competências em sua seção de resumo e realizações com foco em competências nas seções apropriadas do currículo.
9. Revise e sofistique seu currículo. Peça a contribuição de outros profissionais.
10. Finalize seu currículo. Crie uma versão eletrônica com uma seção de resumo com palavras-chave.

Escrever um currículo com foco em competências eficaz deve parecer natural. Você já passou pelo processo de identificar as competências para seu último cargo. Agora, precisa repetir o processo e identificar as competências para a nova posição em que está interessado. Você também já aprendeu a redigir declarações efetivas de realizações com foco em competências e tem monitorado suas realizações em uma planilha, tabela, banco de dados ou sistema de arquivamento. Retorne ao Capítulo 14 se precisar rever essas dicas sobre administração de carreira e pegue sua lista de realizações antes de começar a escrever seu currículo.

Exemplo de um currículo com foco em competências

Vamos analisar um exemplo de um currículo com foco em competências. Esse, em particular, é um currículo funcional com foco em competências para a mesma profissional de vendas financeiras cujas respostas às perguntas de entrevista com foco em competências estão incluídas no Capítulo 10. Escolhemos usar esse formato porque queríamos enfatizar suas realizações em certas categorias-chave importantes para a empresa em que ela estava interessada em trabalhar.

Saiba que é o conteúdo, não o formato, que faz com que um currículo seja com foco em competências. Cada declaração de realização é feita com foco em competências. O currículo também trata delas.

Há mais de um formato possível para um currículo com foco em competências. Você pode escolher escrever um cronológico que pareça mais tradicional e depois focar em seu histórico profissional com realizações listadas sob cada emprego. Currículos de competências diretas listam suas realizações por competências e são convenientes para quando você quiser fornecer a seu gestor uma lista de suas realizações antes de sua avaliação de desempenho. Claro que precisa manter-se atualizado e perceber que os estilos de currículo mudam ao longo do tempo. Usar o modelo com foco em competências para elaborar currículos simplesmente faz mais sentido ainda à medida que escrevo este material para esta nova edição do livro.

O currículo de Donna Johnson mostrado nas próximas páginas é um bom exemplo de um currículo com foco em competências bem-elaborado. (Saiba que ajudei minha cliente com esse currículo, mas algumas mudanças foram realizadas para proteger sua privacidade. Mudei seu nome, informações de contato e o nome de um empregador ou dois.)

Quando Donna identificou o cargo no qual estava interessada, fomos capazes de determinar as competências-chave e escrever declarações dirigidas de realizações com foco em competências. Depois, trabalhamos a seção de resumo.

DONNA B. JOHNSON

3202 Jasmine 303 899-6508
Denver, CO 80205 johnson2@sbsglobal.net

Resumo

Profissional da área financeira com grande interesse em análise e vendas financeiras. Histórico comprovado em desenvolver modelos financeiros para otimizar os processos. Reconhecida por avaliação consistente, tendo excelente nível de produção, compreendendo informações financeiras complexas e comunicando dados financeiros aos clientes para incentivar o investimento. Seus pontos fortes incluem orientação para resultados, capacidade analítica e habilidades de ensino e treinamento, engenhosidade e capacidade criativa e iniciativa.

Licenças: Séries 7, 63, 65 e 24 e Grupo I (licenças e credenciamentos para poder vender títulos financeiros nos Estados Unidos).

Donna B. Johnson Página 2

Realizações

Análise financeira

- Reconhecida por desenvolver o primeiro modelo de venda coberta próprio da empresa para calcular o número de opções de ações para vender a um preço estabelecido de mercado; aumentou a satisfação dos clientes em 15% e criou oportunidades para comissões adicionais.
- Desenvolveu a primeira planilha Excel na empresa para calcular impostos para o exercício de opções de ações para residentes no Reino Unido; proporcionou uma vantagem competitiva para obter 100% do negócio de opção de ações da IBM no Reino Unido; proporcionou US$90 mil brutos por ano em comissão.
- Auditou os sistemas on-line para o exercício de opções de ações na empresa; analisou dados e recomendou mudanças para melhorar a apresentação visual e a qualidade das orientações para clientes; aumentou a submissão de pedidos on-line em 5%.
- Preparou uma análise competitiva de demonstrativos financeiros para cinco importantes empresas petrolíferas enquanto trabalhou como estagiária de verão na Amoco.

Donna B. Johnson   Página 3

Vendas e marketing financeiros

- Classificou-se entre os quatro melhores dos 40 especialistas em aposentadoria na Fidelity por 12 meses consecutivos, 2001-2012.
- Identificou oportunidades para aumentar os ativos ao permitir que os investidores mantivessem suas posições de investimentos; persuadiu três gerentes seniores a apoiar a mudança nas práticas comerciais; aumentou a manutenção de ativos em 20%.
- Aumentou as vendas de seguro de assistência médica de longo prazo em 10%; elaborou e apresentou seminário sobre venda de assistência médica de longo prazo para 15 corretoras de varejo.
- Produziu US$180 mil no primeiro ano em comissões como assessora financeira na American Express; classificada de forma consistente entre os 25% melhores do grupo de colegas.
- Reconhecida pelo gerente por aumentar as receitas de empréstimos de pequena monta entre US$500 e US$1.000.
- Desenvolveu programa de administração de risco para cobrar contas inadimplentes; reduziu 30 dias de inadimplência em 30%.

Donna B. Johnson   Página 4

Treinamento/planejamento financeiros

- Treinou 15 consultores financeiros sobre como educar os clientes a respeito de anuidades, seguro de assistência médica de longo prazo e seguro-saúde; aumentou as vendas em 30%.
- Conduziu programa de documentação de divulgação pública de informações sobre hipotecas, de documentação para empréstimo e de processamento de empréstimo, usando um sistema de propriedade da empresa para 40 funcionários novos.
- Desenvolveu treinamento para 27 assessores financeiros na American Express sobre apresentação de seminários para clientes acerca de aposentadoria, planejamento, planejamento de poupança para a universidade e compra de imóveis.
- Criou planos financeiros para 150 indivíduos e 30 pequenas empresas como assessora financeira da American Express, 1998-2000.

Experiência profissional

Bank of America, Denver, CO
2005—Presente
Vice-presidente, investimentos de mercado
National Financial, Denver, CO
2002-2005
Supervisora do Departamento de Opções de Ações, 2003-2005
Consultora financeira, 2002-2003

Donna B. Johnson   Página 5

Experiência profissional (*cont.*)

Fidelity Investments, Denver, CO
2000-2002
   Especialista em aposentadoria sênior
American Express Financial Advisors, Dallas, TX
1998-2000
   Assessora financeira
Beneficial Inc., Denver, CO
1994-1998
   Gerente de filial, 1996-1998
   Gerente assistente de filial, 1995-1996
   Gerente de serviços de filial, 1994-1995

Formação acadêmica

   Bacharelado em Marketing e Negócios Internacionais
   Universidade do Colorado, Boulder, CO

Resumo ou perfil

Esta seção é uma das partes mais importantes de qualquer currículo. Quando é bem-escrita, vende sua experiência para o empregador. Ela substituiu o objetivo do currículo, porque é muito mais efetiva em comunicar as razões mais importantes pelas quais o empregador deve considerá-lo para o cargo.

   Um método de redigir uma boa seção de resumo é começar com seu título profissional ou o título listado para a posição em que você está interessado. Depois, discorra sobre sua *expertise*, seus pontos fortes relacionados ao cargo e suas capacidades nas áreas de competências relevantes. Alguns especialistas em carreiras preferem criar uma lista com marcadores. Entenda que instrutores de carreira têm estilos diferentes de escrever seções de resumo. Para assegurar que seu currículo abra portas para você, o resumo deve ser com foco em competências.

Capacidades técnicas

Você deve planejar ter uma seção de capacidades técnicas, se seu conhecimento de software, hardware ou ferramentas técnicas específicas é exigido, antes que um gerente de recrutamento e seleção o considere para o cargo.

Formação acadêmica

Esforce-se para verificar a precisão da informação nessa seção. Embora seja importante destacar sua formação acadêmica, ou você tem um diploma universitário ou não tem. A cada ano, parece que ouvimos falar de um novo exemplo de alguém que está com problemas por alegar ter um diploma que de fato não possui. Por exemplo, em 2002, o diretor de educação física do Darmouth College se demitiu depois que seus empregadores descobriram que ele não completara o mestrado que listara em seu currículo. Saiba que suas qualificações educacionais podem ser facilmente verificadas pelo empregador. Como regra, se seu diploma tem mais de dez anos, não inclua a data de formatura em seu currículo.

OUTRAS DICAS DE CURRÍCULOS COM FOCO EM COMPETÊNCIAS

- Priorize suas realizações no currículo dentro de cada seção para enfatizar a experiência e as competências que importam para o empregador.
- Preveja usar duas páginas em seu currículo, a não ser que tenha menos de dez anos de experiência, em cujo caso você deve ter um currículo de uma só página.
- Diga o máximo que puder com o menor número de palavras que for capaz.
- Sempre tenha um endereço eletrônico que pareça profissional em informações para contato. Considere registrar um novo endereço eletrônico somente para sua pesquisa de emprego.
- Disponibilize o número de seu celular no currículo. Não desperdice espaço identificando um número de telefone como um número de telefone ou um endereço eletrônico como um endereço eletrônico.
- Se você incluir uma seção de "Outras informações" ou "Atividades comunitárias", inclua somente as informações que comprovem que você seria eficaz em determinado trabalho. Não adicione nada controverso, como religião ou política, a não ser que esteja interessado em um cargo em uma igreja, mesquita ou templo, em uma organização política ou cargo eletivo.
- Se tiver alguma preocupação séria, como não trabalhar horas extras, considere falar com um profissional sobre a melhor forma de lidar com sua situação no currículo. Você poderia usar um cur-

rículo cronológico mais tradicional para ajudar o leitor a focar mais em suas realizações do que em sua experiência profissional. Se você está em um cargo por mais de cinco anos, poderia optar por escrever um currículo que combinasse estilos, que mostrasse suas realizações em seu emprego mais recente subdivididas em algumas categorias ou competências importantes. Cada situação é diferente, e um profissional sagaz pode ajudá-lo a descobrir a melhor forma de apresentar seu currículo, de modo a mostrar suas competências e pontos fortes da forma mais efetiva.

- *Planeje reescrever ou rever seu currículo para cada nova oportunidade de emprego.* Quando tiver elaborado seu primeiro currículo com foco em competências, você já deverá ter a maior parte das informações necessárias para novas oportunidades.
- Evite usar letras maiúsculas, a não ser que se trate de um país ou organização identificada pelas iniciais, como CIA, UK, ONU. Essa recomendação (nova para a segunda edição) está baseada no fato de que TODAS AS LETRAS MAIÚSCULAS são interpretadas como se você estivesse gritando com o leitor. Então, não grite em seu currículo!

Se quiser mais ajuda para elaborar currículos com foco em competências, leia meu livro *Manual de currículos* para mais exemplos e detalhes sobre como escrever currículos extremamente bons, visando as competências que os empregadores precisam. (Se você gostou deste livro, estou confiante de que também apreciará o outro.)

PONTOS-CHAVE DO CAPÍTULO 15

Focar nas competências que o empregador procura é uma forma muito eficiente de focar o próximo emprego de um profissional.

— Ward Klein, diretor executivo da Energizer

Por que você deve redigir um currículo com foco em competências?

Os currículos com foco em competências são:
- Mais eficazes que os tradicionais.
- Visam atender as necessidades do empregador.
- Vendem as suas experiências que importam para o empregador.

Quais são os passos para escrever um currículo com foco em competências?

1. Identifique competências para o cargo.
2. Pense no que você fez que demonstre experiência em cada competência-chave.
3. Desenvolva declarações de realizações para o máximo de competências possível.
4. Escreva a seção de resumo que enfatiza sua experiência e seus pontos fortes relacionados às competências-chave para o cargo.
5. Determine qual o formato de currículo com foco em competências — cronológico, funcional, por competências diretas ou uma combinação — que melhor se adapta às suas necessidades e prepare seu primeiro rascunho do currículo.

6. Lembre-se de incluir seções sobre sua formação acadêmica e qualquer outra informação relevante para prováveis empregadores.
7. Acrescente declarações de realizações adicionais relacionadas às competências e, se ainda houver espaço, outras declarações de realizações.
8. Priorize frases relacionadas a competências em sua seção de resumo e realizações com foco em competências nas seções apropriadas do currículo.
9. Revise e sofistique seu currículo. Peça a contribuição de outros profissionais.
10. Finalize seu currículo. Crie uma versão eletrônica dele com uma seção de palavras-chave.

O que faz com que um currículo seja com foco em competências?

O conteúdo, não o formato.

Quais são os diferentes formatos que você pode usar para seu currículo?

- Cronológico, com foco em competências.
- Funcional, com foco em competências.
- Por competências diretas.
- Combinação.

O que é importante lembrar sobre a seção de resumo de seu currículo?

- Se ele estiver bem-escrito, vai vender sua experiência para o empregador.

- Comece com um título profissional, depois sua *expertise*, pontos fortes relacionados ao cargo e suas capacidades nas áreas de competências relevantes.

Quando você deve incluir uma seção de Capacidades técnicas em seu currículo?

Se seu conhecimento de hardware, software ou ferramentas técnicas for exigido pelo empregador antes de ele o considerar para o cargo.

O que é importante lembrar para a seção de Formação acadêmica de seu currículo?

- Não alegue ter um diploma ou credencial educacional se não tiver.
- Se seu diploma tem mais de dez anos, não inclua a data de graduação.

O que mais você deve saber antes de escrever um currículo com foco em competências?

- Priorize suas realizações em cada seção para enfatizar a experiência e as competências que sejam da maior importância para o empregador.
- Preveja usar duas páginas em seu currículo, a não ser que você tenha menos de dez anos de experiência profissional.
- Diga o máximo que puder com o menor número de palavras que conseguir.
- Sempre use um endereço eletrônico que pareça profissional em suas informações de contato.

- Disponibilize seu número de celular no currículo.
- Não desperdice espaço identificando números de telefone ou endereços eletrônicos como tais: as pessoas sabem o que eles são.
- Se você incluir uma seção de Outras informações ou Atividades comunitárias, somente inclua informações que comprovem que você será eficaz no cargo específico. Como regra, não inclua nada que seja controverso, como religião ou política.
- Se você tiver uma preocupação especial, como uma lacuna em seu histórico profissional, considere conversar com um consultor sobre a melhor forma de abordar isso em seu currículo.
- Planeje reescrever ou revisar seu currículo a cada nova oportunidade de emprego.
- Não use tudo em maiúsculas — você não quer que pareça que está gritando.

Se você quiser aprender mais sobre currículos com foco em competências, o que deve fazer?

Ler meu livro *Manual de currículos*.

16. Pense a longo prazo e faça a mudança trabalhar para você

A verdadeira viagem de descoberta consiste não em buscar novas paisagens, mas em ter novos olhos.

— Marcel Proust

Quando li pela primeira vez a citação de Proust, pensei sobre as mudanças que as competências trouxeram para o processo de entrevista, para pessoas que querem trabalhar nas melhores e mais sofisticadas empresas em todo o mundo. Com este livro, você aprendeu algumas formas importantes de fazer os sistemas com foco em competências trabalharem para você. Atualmente, as competências são utilizadas no mundo dos negócios há mais de trinta anos, mas os sistemas atuais com foco em competências são muito mais sofisticados do que costumavam ser. Eles continuam a crescer e a evoluir. Você não tem que buscar um novo cenário — ele mudou. O cenário mudou em todos os lugares, e seu trabalho é se certificar de que perceba e se adapte a essas mudanças.

Muitos funcionários e candidatos resistem à mudança, então, podem jamais perceber que o sistema à sua volta mudou. Podemos lembrar de secretários que não achavam que tinham que aprender sobre computadores ou processamento de texto. A tecnologia havia mudado o cenário desses empregos. Se eles não mudassem seus pontos de vista e aprendessem a trabalhar com computadores, esses funcionários teriam se tornado obsoletos rapidamente. A tecnologia, tudo desde as redes sociais até os centros de avaliação virtual, continua a mudar a forma como realizamos as coisas, incluindo o processo de entrevistas com foco em competências.

Se você não reconhecer e se adaptar à mudança, se tornará obsoleto.

O que podemos esperar do futuro? Como o cenário mudará? E como nossa percepção dessas mudanças afetará nosso sucesso? A curto prazo, você pode esperar que cada vez mais empresas continuem a trabalhar com competências. Simplesmente faz sentido. Se sua organização ainda não trabalha com competências, há boa chance de que venha a fazê-lo no futuro. Pensar no que é mais importante para seu empregador em primeiro lugar o ajudará a ser mais bem-sucedido mesmo em uma empresa sem foco em competências.

Muitos dos empregadores mais sofisticados trabalharam intimamente com consultores para desenvolver sistemas eficazes de recursos humanos com foco em competências que funcionem bem para eles. Os gestores nessas empresas tomam a decisão de usar sistemas com foco em competências porque os veem como forma de ajudá-los a melhorar o desempenho geral de seus funcionários.

Empresas com sistemas com foco em competências eficazes em vigor estão em uma posição forte para fortalecer as características-chave necessárias para serem ainda mais bem-sucedidas no futuro. Seus gestores recrutam, entrevistam e contratam funcionários consistentes nas competências de que precisam. Eles avaliam seus colaboradores com base em objetivos e competências e os treinam para desenvolverem as competências que a empresa precisa para assegurar o sucesso.

As melhores organizações investiram tempo e dinheiro consideráveis nesses sistemas com foco em competências. Mas eles funcionam tão bem quanto poderiam? Com base em minha consultoria, a resposta é não. Os empregadores precisam colaborar com seus funcionários no sentido de fazer seus sistemas com foco em competências funcionarem com maior eficácia. Existem seis razões principais por que faz sentido para os empregadores se associarem a seus funcionários e fazer mais do que um esforço para lhes explicar seu próprio sistema com foco em competências.

1. **Para melhorar os níveis de competências de seus funcionários mais rapidamente.** Se cada funcionário compreender o sistema com foco em competências e assumir responsabilidade para administrar suas próprias competências relevantes (além de treinamento ou instrução oferecida pela empresa), os níveis gerais de competências melhorarão com mais rapidez.

2. **Para fornecer aos gestores melhores informações sobre as competências de seus funcionários.** Se os colaboradores defenderem a si mesmos de forma mais efetiva, fornecendo informações com foco em competências mais bem-escritas e claras, isso fornecerá aos gestores as informações de que precisam para tomar melhores decisões a respeito de tarefas e oportunidades.
3. **Para capacitar as empresas a venderem seus serviços mais efetivamente para clientes com foco em competências.** Para empresas que fornecem trabalho de consultoria, engenharia, gestão de projeto ou de arquitetura para organizações com foco em competências, faz sentido que a equipe do projeto desenvolva currículos com foco em competências para incluir na proposta, visando as competências pelas quais os responsáveis por tomar as decisões são comparados. Quando o cliente com foco em competências entrevistar a equipe do projeto, os entrevistados serão mais bem-sucedidos se estiverem preparados para entrevistas com foco em competências. (Melhorar a forma como você apresenta seus funcionários pode não ser capaz de superar um valor extremamente alto para o contrato, mas *isso* pode fazer diferença em outros casos.)
4. **Para fortalecer funcionários e melhorar o moral.** Se os funcionários compreenderem o que podem fazer para administrar suas carreiras produtivamente em sistemas com foco em competências, é muito mais provável que invistam no sistema e se comprometam em fazê-lo funcionar.

5. **Apoiar esforços pela diversidade.** Ao fazerem mais do que um esforço para treinar funcionários em competências em suas empresas, os empregadores desmistificam o que é necessário para progredir. Em nível prático, eles ajudam a esclarecer as regras para todos, a despeito de raça, sexo, idade, país de origem ou incapacidade. Mais funcionários têm oportunidade de serem bem-sucedidos e uma variedade maior de funcionários de fato *será* bem-sucedida.
6. **Melhorar a qualidade do desenvolvimento do funcionário e do planejamento de sucessão.** Se os gestores tiverem melhor acesso a boas informações a respeito das competências dos candidatos a promoção, podem realizar melhor o trabalho de planejamento de sucessão e distribuir projetos para ajudar a preparar os profissionais para funções mais desafiadoras. Aprender a se comunicar mais efetivamente sobre suas competências com os gestores ajuda-os a tomar melhores decisões sobre as futuras oportunidades.

Por fazer sentido comercial, espere ver os melhores empregadores oferecerem a seus funcionários mais treinamento sobre o que eles podem fazer para serem bem-sucedidos no sistema com foco em competências da empresa. Quando trabalhei com gestores em empresas como American Express e BP para oferecer esse tipo de programa, houve forte interesse por parte dos empregados. Eles reconhecem que o sistema mudou e querem saber o que podem fazer para serem mais bem-sucedidos no novo campo de jogo.

Na BP, o departamento de recursos humanos em Houston promoveu um programa piloto chamado *How to Thrive in BP's Competency-Based System* [em português, *Como se desenvolver no sistema com foco em competências da BP*]. Meu contato nos recursos humanos enviou um e-mail para duzentas pessoas, convidando-as para um "almoço de aprendizado". Em uma hora, cem pessoas responderam dizendo que estavam interessadas em participar. Da mesma forma, na American Express, um dos diretores de TI promoveu um programa inicial, ensinando aos funcionários como prosperar no sistema com foco em competências deles. Eu os treinei para estarem mais conscientes das competências relevantes e lhes mostrei exemplos de declarações de realizações com foco em competências. A etapa seguinte concentrou-se em ensinar o mesmo grupo a escrever declarações efetivas de realizações com foco em competências para os planos de desenvolvimento de seus profissionais, além de questionários para funcionários antes das avaliações de desempenho de meio e final de ano. Afora os planos formalmente promovidos, grupos de interesses especiais em empresas maiores às vezes apresentam oradores convidados. A Women's Network [em português, Rede das Mulheres] na JPMorganChase propôs que me apresentasse e falasse para seus membros sobre como ser mais bem-sucedido trabalhando no sistema com foco em competências deles; falei também para o Latino Business Resource Group [em português, Grupo Latino de Recursos Comerciais] em uma grande refinaria.

Quando você vir sua própria empresa começar a oferecer esses tipos de programas para dar aos funcionários ferramentas que eles possam usar para desenvolver as competências, seja um dos primeiros a aproveitar a oportunidade. Aprenda tudo o que puder sobre as competências para seu cargo atual e possíveis posições futuras. Pense sobre quais competências são importantes para o sucesso agora e mais adiante. Enquanto fizer isso, lembre-se de continuar a realizar seu trabalho! Compreender como as competências podem trabalhar para você e ajudá-lo a ser mais bem-sucedido é fundamental para planejar e conduzir sua carreira para o futuro. Ser esperto e usar essa informação em sua defesa na empresa pode fazer diferença.

Finalmente, aprender sobre competência vai ajudá-lo a ver seu futuro profissional com novos olhos, olhos não mais limitados a apenas enxergar oportunidades em sua vizinhança, cidade ou país. Existe um mundo excitante lá fora. Seus olhos podem ainda ser castanhos, azuis, verdes ou cor de mel, mas sua visão será mais apurada, e você aumentará suas chances de realizar seus objetivos de carreira. Faça as entrevistas com foco em competências trabalharem para você!

Apêndice A
Lista de competências-chave

A lista de competências incluída neste apêndice foi identificada pelos autores Edward J. Cripe e Richard S. Mansfield em seu livro *Profissionais disputados*. O foco está nas 31 principais competências de quem agrega valor nas empresas, juntamente com os comportamentos associados a cada uma delas.

I. Competências para lidar com pessoas

O conjunto de competências relacionadas à liderança

- **Estabelecer o foco:** A capacidade de desenvolver e comunicar objetivos que favoreçam a missão da empresa.
  - Atua para alinhar seus próprios objetivos com a orientação estratégica da empresa.
  - Assegura que as pessoas na unidade compreendam como o trabalho deles se relaciona com a missão da organização.
  - Assegura que todos entendam e se identifiquem com a missão da unidade.

- Assegura que a unidade desenvolva objetivos e um plano para ajudar a cumprir a missão da organização.

▶ **Oferecer apoio motivacional:** A capacidade de fortalecer o comprometimento dos outros com seu trabalho.

- Reconhece e recompensa as pessoas por suas realizações.
- Reconhece e agradece às pessoas por suas contribuições.
- Expressa orgulho pelo grupo e incentiva as pessoas a se sentirem bem quanto às suas realizações.
- Encontra formas criativas de tornar o trabalho das pessoas gratificante.
- Sinaliza seu próprio comprometimento com um processo, estando pessoalmente presente e envolvido nos eventos principais.
- Identifica e prontamente enfrenta problemas de moral do grupo.
- Dá palestras ou apresentações que energizam os grupos.

▶ **Incentivar o trabalho de equipe:** Como membro da equipe, a capacidade e o desejo de trabalhar de forma cooperativa com os demais; como líder de equipe, a capacidade de demonstrar interesse, capacidade e sucesso em fazer com que os grupos aprendam a trabalhar em conjunto.

Comportamento para membros da equipe

- Ouve e reage de forma construtiva às ideias de outros membros da equipe.
- Oferece apoio para as ideias e propostas dos demais.
- É franco com outros membros da equipe quanto às suas preocupações.
- Expressa desacordo de forma construtiva.
- Reconhece e encoraja os demais por suas contribuições.
- Dá retorno honesto e construtivo aos demais membros da equipe.
- Dá assistência aos demais quando precisam.
- Trabalha por soluções que todos os membros da equipe possam defender.
- Compartilha sua *expertise* com os demais.
- Busca oportunidades de trabalhar em equipes como meio de desenvolver experiência e conhecimento.
- Fornece assistência, informação ou apoio aos demais para fortalecer ou manter os relacionamentos com eles.

Comportamento para líderes de equipe

- Dá oportunidades para as pessoas aprenderem a trabalhar juntas, como uma equipe.
- Recruta a participação atuante de todos.
- Promove a cooperação com outras unidades de trabalho.
- Assegura que todos os membros da equipe sejam tratados de forma justa.

- Reconhece e incentiva as atitudes que contribuem para o trabalho de equipe.

▶ **Fortalecer a equipe:** A capacidade de passar confiança no potencial dos funcionários de serem bem-sucedidos, especialmente em novas tarefas desafiadoras; delegar responsabilidade e autoridade em níveis significativos; permitir aos funcionários liberdade de decidir como eles alcançarão seus objetivos e resolverão as questões.

- Dá aos funcionários liberdade de ação para tomarem decisões em sua própria esfera de trabalho.
- É capaz de deixar que os funcionários tomem decisões e assumam responsabilidade.
- Incentiva indivíduos e grupos a estabelecerem seus próprios objetivos, consistentes com os da empresa.
- Expressa confiança na capacidade dos funcionários de serem bem-sucedidos.
- Incentiva os grupos a resolverem problemas por conta própria; evita prescrever uma solução.

▶ **Administrar mudança:** A capacidade de demonstrar que defende a inovação e as mudanças organizacionais necessárias para melhorar a produtividade; iniciar, promover e implementar a mudança organizacional; ajudar os demais a administrar com sucesso a mudança organizacional.

Comportamentos para os funcionários

- Desenvolve pessoalmente um novo método ou estratégia.
- Propõe novas estratégias, métodos ou tecnologias.
- Desenvolve formas melhores, mais rápidas ou menos dispendiosas de realizar as tarefas.

Comportamentos para gestor/líder

- Trabalha de forma cooperativa com os demais para produzir soluções inovadoras.
- Assume a liderança para estabelecer novas orientações, parcerias, políticas ou procedimentos comerciais.
- Agarra oportunidades de influenciar a decisão futura de uma unidade da empresa ou de toda a organização.
- Ajuda os funcionários a desenvolver uma clara compreensão daquilo que precisarão fazer de forma diferente, como resultado das mudanças na empresa.
- Implementa ou apoia várias atividades de gestão.
- Estabelece estruturas e processos para planejar e administrar a implementação metódica da mudança.
- Ajuda indivíduos e grupos a administrar a ansiedade associada a uma mudança significativa.
- Auxilia grupos ou equipes durante os processos de solução de problemas e de pensamento criativo que conduzem ao desenvolvimento e implementação de novas estratégias, sistemas, estruturas e métodos.

- **Desenvolver a equipe:** A capacidade de delegar responsabilidade e de trabalhar com os integrantes da equipe, além de treiná-los para desenvolverem suas capacidades.
  - Dá um retorno útil, específico de comportamento, aos funcionários.
  - Compartilha informações, orientação e sugestões para ajudar os funcionários a serem mais bem-sucedidos; oferece treinamento efetivo.
  - Encarrega as pessoas de tarefas que irão ajudá-las a desenvolver suas capacidades.
  - Reúne-se regularmente com os funcionários para analisar o progresso de seu desenvolvimento.
  - Reconhece e incentiva os esforços de desenvolvimento e aperfeiçoamento das pessoas.
  - Expressa confiança na capacidade de sucesso das outras pessoas.

- **Administrar o desempenho:** A capacidade de assumir responsabilidade por seu próprio desempenho ou pelo de seus funcionários, estabelecendo objetivos e expectativas claras, monitorando o progresso em comparação aos objetivos, assegurando feedback e lidando com os problemas e as questões de desempenho prontamente.

Comportamentos para funcionários

- Com seu gestor, estabelece objetivos específicos, que sejam realísticos mas desafiadores e com prazos para realização.

- Com seu gestor, esclarece as expectativas sobre o que será realizado e como.
- Convoca o apoio de seus gestores para obter as informações, os recursos e o treinamento necessários para realizar seu trabalho eficazmente.
- Prontamente notifica seu gestor sobre quaisquer problemas que afetem sua capacidade de alcançar os objetivos planejados.
- Busca retorno sobre o desempenho com seu gestor e com outras pessoas com quem ele interaja no trabalho.
- Prepara um plano de desenvolvimento pessoal com objetivos específicos e prazo para seu cumprimento.
- Toma atitudes significativas para desenvolver as capacidades necessárias para a produtividade no trabalho atual ou futuro.

Comportamentos para gestores

- Assegura que os funcionários tenham metas e responsabilidades claras.
- Trabalha com os funcionários para estabelecer e informar padrões de desempenho específicos e mensuráveis.
- Ajuda os funcionários em seus esforços para alcançar os objetivos do trabalho.
- Mantém-se informado sobre o progresso e o desempenho dos funcionários tanto por meio de métodos formais quanto informais.
- Dá retorno específico de desempenho, tanto positivo quanto corretivo, logo que possível.

- Lida de forma firme e imediata com problemas de desempenho; deixa que as pessoas saibam o que se espera delas e quando.

O conjunto de competências relacionadas à comunicação e à capacidade influenciadora

- ▶ **Atenção com a comunicação:** A capacidade de assegurar que a informação seja passada adiante, para outras pessoas que devam ser mantidas informadas.

  - Assegura que os demais envolvidos em um projeto ou esforço sejam mantidos informados a respeito dos desenvolvimentos e planos.
  - Assegura que informações importantes de sua gerência sejam compartilhadas com seus funcionários e outras pessoas conforme apropriado.
  - Divide ideias e informações com outras pessoas que poderiam considerá-las úteis.
  - Usa vários canais ou meios de comunicar mensagens importantes.
  - Mantém seu gestor informado sobre o progresso e problemas; evita surpresas.
  - Assegura que uma comunicação regular e consistente ocorra.

- ▶ **Comunicação oral:** A capacidade de se expressar claramente em conversas e interações com outras pessoas.

  - Fala claramente e pode ser facilmente compreendido.

- Adapta o conteúdo do discurso ao nível e à experiência do público.
- Usa as regras gramaticais e escolhe palavras apropriadas no discurso oral.
- Organiza as ideias de forma clara no discurso oral.
- Expressa ideias de forma concisa no discurso oral.
- Mantém contato visual quando fala com outras pessoas.
- Sumariza ou parafraseia sua compreensão sobre o que as outras pessoas disseram para verificar o entendimento e evitar erro de comunicação.

▶ **Comunicação escrita:** A capacidade de se expressar claramente em escrita comercial.

- Expressa ideias claramente e de forma concisa na escrita.
- Organiza ideias escritas claramente e sinaliza a organização para o leitor.
- Adapta as comunicações escritas para alcançar um determinado público de forma efetiva.
- Usa gráficos e outras ferramentas para esclarecer informações complexas ou técnicas.
- Grafa as palavras corretamente.
- Escreve usando linguagem concreta e específica.
- Usa a pontuação corretamente.
- Usa boa gramática.
- Usa um estilo de escrita comercial apropriado.

▶ **Comunicação persuasiva:** A capacidade de planejar e fazer comunicações orais e escritas para causar impacto e persuadir seu público-alvo.

- Identifica e apresenta as informações ou dados que exercerão forte efeito sobre as pessoas.
- Seleciona a linguagem e exemplos adaptados ao nível e experiência do público.
- Seleciona histórias, analogias ou exemplos para ilustrar um argumento.
- Cria gráficos, demonstrativos de custos ou slides que exibem informações claramente e com grande impacto.
- Apresenta vários argumentos diferentes para respaldar uma posição.

▶ **Consciência interpessoal:** A capacidade de observar, interpretar e antecipar as preocupações e os sentimentos das outras pessoas e de comunicar esse entendimento de forma empática.

- Compreende os interesses e as preocupações importantes das outras pessoas.
- Observa e interpreta com precisão o que os outros sentem, baseado na escolha de palavras, tom de voz, expressão e outros comportamentos não verbais das pessoas.
- Antecipa como os outros reagirão a uma situação.
- Ouve com atenção as ideias e as preocupações das pessoas.
- Compreende tanto os pontos fortes quanto as vulnerabilidades dos demais.

- Compreende o significado não expresso por palavras em uma situação.
- Diz ou faz coisas para lidar com as preocupações de outras pessoas.
- Encontra meios não ameaçadores de abordar as pessoas a respeito de questões sensíveis.
- Faz os outros se sentirem confortáveis ao demonstrar interesse por aquilo que eles têm a dizer.

► **Influenciar outras pessoas:** A capacidade de conquistar o apoio de outras pessoas para ideias, propostas, projetos e soluções.

- Apresenta argumentos que abordam as preocupações e as questões mais importantes das outras pessoas e busca soluções em que todos saiam ganhando.
- Envolve os demais em um processo ou decisão para assegurar seu apoio.
- Oferece compensações ou trocas para conquistar o comprometimento.
- Identifica e propõe soluções que beneficiem todas as partes envolvidas em uma situação.
- Convoca especialistas ou terceiros para influenciar os demais.
- Desenvolve outras estratégias indiretas para influenciar as pessoas.
- Sabe quando intensificar questões críticas para a gerência, se seus esforços para recrutar apoio não forem bem-sucedidos.
- Estrutura situações para criar o impacto desejado e maximizar as chances de um resultado favorável.

- Trabalha para causar uma impressão específica nos outros.
- Identifica e direciona ações influenciadoras aos verdadeiros responsáveis pela decisão e àqueles que possam influenciá-los.
- Busca e constrói relacionamentos com pessoas que possam fornecer informações, dados estratégicos, respaldo à carreira, provável negócio e outras formas de ajuda.
- Antecipa com precisão as implicações de eventos ou decisões de vários acionistas na empresa e planeja as estratégias de acordo com isso.

▶ **Construir relacionamentos colaborativos:** A capacidade de desenvolver, manter e fortalecer parcerias com outras pessoas de dentro ou de fora da organização que possam fornecer informação, assistência e respaldo.

- Pergunta a respeito das experiências pessoais, interesses e família das outras pessoas.
- Faz perguntas para identificar interesses, experiências ou outros pontos em comum.
- Mostra interesse no que as outras pessoas têm a dizer; considera suas perspectivas e ideias.
- Considera as preocupações e a perspectiva dos outros em relação ao negócio.
- Expressa gratidão e satisfação por quem forneceu informações, assistência ou respaldo.
- Dedica tempo para conhecer colegas de trabalho, criar um relacionamento profissional e estabelecer um vínculo em comum.

- Tenta fortalecer os relacionamentos com pessoas cuja assistência, cooperação e respaldo possam ser necessários.
- Fornece assistência, informação e respaldo às outras pessoas para construir uma base para reciprocidade futura.

▶ **Orientação para o cliente:** A capacidade de demonstrar preocupação com a satisfação de seus clientes internos ou externos.

- Resolve rápida e efetivamente os problemas dos clientes.
- Conversa com os clientes para descobrir o que eles querem e o quanto estão satisfeitos com o que recebem.
- Deixa os clientes saberem que está disposto a trabalhar com eles para atender suas necessidades.
- Encontra formas de medir e monitorar a satisfação do cliente.
- Apresenta uma atitude entusiasmada e positiva com os clientes.

II. Competências para lidar com negócios

O conjunto de competências para lidar com negócios

▶ **Coleta de informações diagnósticas:** A capacidade de identificar as informações necessárias para esclarecer uma situação, buscar essas informações nas fontes apropriadas e usar perguntas habilidosas para extrair as informações quando as pessoas se mostram relutantes em revelá-las.

- Identifica as informações específicas necessárias para esclarecer uma situação ou tomar uma decisão.
- Obtém informações mais completas e precisas, verificando em várias fontes.
- Sondar habilidosamente para chegar aos fatos quando as pessoas estão relutantes em fornecer informações integrais e detalhadas.
- Regularmente circula para ver como as pessoas vão e para saber de quaisquer problemas que estejam encontrando.
- Questiona as outras pessoas sobre a concepção de um plano ou ação.
- Questiona as pessoas para avaliar a confiança delas em resolver um problema ou enfrentar uma situação.
- Faz perguntas para esclarecer uma situação.
- Busca a perspectiva de todos os envolvidos em uma situação.
- Localiza pessoas bem-informadas para obter informação ou esclarecer um problema.

▶ **Raciocínio analítico:** A capacidade de enfrentar um problema usando uma estratégia lógica, sistêmica e sequencial.

- Faz uma comparação sistêmica entre duas ou mais alternativas.
- Observa as discrepâncias e inconsistências na informação disponível.

- Identifica um conjunto de características, parâmetros ou considerações para levar em conta ao analisar uma situação ou tomar uma decisão.
- Lida com uma tarefa ou problema complexo subdividindo-o nas partes que o compõem e considerando cada parte em detalhe.
- Pondera sobre custos, benefícios, riscos e chances de sucesso ao tomar uma decisão.
- Identifica muitas causas possíveis para um problema.
- Pesa cuidadosamente a prioridade das coisas a serem feitas.

▶ **Raciocínio voltado para o futuro:** A capacidade de antecipar as implicações e consequências de situações e tomar as atitudes apropriadas para estar preparado para possíveis contingências.

- Antecipa possíveis problemas e desenvolve planos de contingência com antecipação.
- Observa as tendências do ramo ou do mercado e desenvolve planos para se preparar para oportunidades ou problemas.
- Antecipa as consequências das situações e planeja de acordo com elas.
- Antecipa como indivíduos e grupos reagirão a situações e informações e planeja de acordo com isso.

▶ **Raciocínio conceitual:** A capacidade de encontrar soluções efetivas, assumindo uma perspectiva holística, abstrata ou teórica.

- Observa semelhanças entre situações diferentes e aparentemente não relacionadas.
- Identifica rapidamente as questões centrais ou subjacentes em uma situação complexa.
- Cria um diagrama gráfico, mostrando uma visão sistêmica da situação.
- Desenvolve analogias ou metáforas para explicar uma situação.
- Aplica uma estrutura teórica para compreender uma situação específica.

▶ **Raciocínio estratégico:** A capacidade de analisar a posição competitiva da empresa, considerando tendências de mercado e do ramo, clientes existentes e em potencial, e pontos fortes e vulnerabilidades em comparação com os concorrentes.

- Compreende os pontos fortes e as vulnerabilidades da empresa quando comparados aos concorrentes.
- Compreende as tendências do ramo e do mercado que afetam a competitividade da empresa.
- Possui profundo conhecimento dos produtos e serviços concorrentes no mercado.
- Desenvolve e propõe uma estratégia de longo prazo para a empresa baseado em uma análise do ramo, do mercado e das capacidades atuais e potenciais da empresa em comparação com os concorrentes.

- **Competência técnica:** A capacidade de demonstrar profundidade de conhecimento e perícia em uma área técnica.

  - Aplica de forma eficaz o conhecimento técnico para resolver uma gama de problemas.
  - Possui conhecimento e perícia profundos em uma área técnica.
  - Desenvolve soluções técnicas para problemas novos ou extremamente complexos que não podem ser resolvidos usando os métodos ou estratégia existentes.
  - É procurado como especialista para dar orientação ou propor soluções em sua área técnica.
  - Mantém-se informado sobre tecnologias de ponta em sua área técnica.

O conjunto de competências para alcançar resultados

- **Iniciativa:** Identificar o que precisa ser feito e fazê-lo antes que lhe seja pedido ou que a situação o exija.

  - Faz mais do que é exigido em uma situação.
  - Procura por outras pessoas envolvidas em uma situação para saber de seus pontos de vista.
  - Toma ações independentes para mudar a direção de eventos.

- **Orientação empreendedora:** A capacidade de procurar e agarrar oportunidades lucrativas de negócios; disposição de correr riscos calculados para alcançar os objetivos do negócio.

- Observa e agarra oportunidades lucrativas de negócios.
- Mantém-se em dia com os negócios, o ramo e informações de mercado que possam revelar oportunidades comerciais.
- Demonstra disposição de correr riscos calculados para alcançar objetivos do negócio.
- Propõe acordos inovadores para prováveis clientes, fornecedores e parceiros comerciais.
- Incentiva e apoia a postura empreendedora nos demais.

▶ **Estimula a inovação:** A capacidade de desenvolver, promover ou apoiar a introdução de métodos, produtos, procedimentos ou tecnologias novos e aperfeiçoados.

- Desenvolve pessoalmente um novo produto ou serviço.
- Desenvolve pessoalmente um novo método ou estratégia.
- Promove o desenvolvimento de produtos, serviços, métodos ou procedimentos novos.
- Propõe novas estratégias, métodos ou tecnologias.
- Desenvolve formas melhores, mais rápidas ou menos dispendiosas de realizar as coisas.
- Trabalha de forma cooperativa para produzir soluções inovadoras.

▶ **Orientação por resultados:** A capacidade de focar no resultado desejado por ele ou por uma unidade de trabalho, estabelecendo metas desafiadoras.

Concentrar os esforços nos objetivos para alcançá-los ou excedê-los.

- Desenvolve objetivos desafiadores, mas atingíveis.
- Desenvolve objetivos claros para reuniões e projetos.
- Mantém o comprometimento com os objetivos em face de obstáculos e frustração.
- Encontra ou cria formas de medir o desempenho em comparação às metas.
- Empenha um esforço incomum ao longo do tempo para alcançar um objetivo.
- Possui forte senso de urgência quanto a resolver problemas e ter o trabalho realizado.

▶ **Rigorosidade:** Assegurar que seu trabalho e sua informação sejam completos e precisos; preparar-se cuidadosamente para reuniões e apresentações; fazer o acompanhamento com os demais para assegurar que os acordos e compromissos tenham sido cumpridos.

- Estabelece procedimentos para assegurar a alta qualidade do trabalho.
- Monitora a qualidade do trabalho.
- Verifica a informação.
- Verifica a precisão de seu trabalho e a dos demais.
- Desenvolve e usa sistemas para organizar e monitorar a informação ou o progresso do trabalho.
- Prepara-se cuidadosamente para reuniões e apresentações.

- Organiza a informação ou o material para as outras pessoas.
- Analisa cuidadosamente e verifica a precisão da informação em relatórios de trabalho fornecidos pela gerência, pelo setor de TI ou outros indivíduos e grupos.

▶ **Capacidade de decisão:** A capacidade de tomar decisões em tempo hábil.

- Está disposto a tomar decisões em situações difíceis ou ambíguas quando o fator tempo é crítico.
- Assume a responsabilidade de um grupo quando necessário para favorecer a mudança, superar um impasse, enfrentar questões ou garantir que decisões sejam tomadas.
- Toma decisões difíceis.

III. Competência de autogestão

▶ **Autoconfiança:** Confiança nas próprias ideias e capacidade para ser bem-sucedido; disposição para assumir uma posição independente em face de oposição.

- É confiante de sua própria capacidade de alcançar os resultados.
- Apresenta-se incisivamente e de uma forma que impressiona.
- Está disposto a se manifestar claramente para a pessoa ou grupo certo na ocasião certa quando discorda de uma decisão ou estratégia.

- Lida com tarefas desafiadoras, mantendo uma atitude tipo "posso fazer".

▶ **Administração do estresse:** A capacidade de continuar a operar produtivamente quando sob pressão e de manter o autocontrole em meio à hostilidade ou provocação.

- Permanece calmo sob estresse.
- Consegue lidar de forma eficaz com vários problemas ou tarefas de uma só vez.
- Controla sua reação quando criticado, atacado ou provocado.
- Mantém o senso de humor em circunstâncias difíceis.
- Administra seu próprio comportamento para evitar ou reduzir sentimentos de estresse.

▶ **Credibilidade pessoal:** Preocupação manifesta de ser percebido como responsável, confiável e fidedigno.

- Faz aquilo que se compromete a fazer.
- Respeita a confidencialidade da informação ou das preocupações compartilhadas pelas outras pessoas.
- É honesto e direto com as pessoas.
- Assume sua parte do trabalho.
- Assume responsabilidade pelos próprios erros, não culpa os outros.
- Transmite o domínio dos fatos e informações relevantes.

▶ **Flexibilidade:** Abertura para formas diferentes e novas de realizar as coisas; disposto a modificar a forma como prefere fazê-las.

- É capaz de ver outros méritos de perspectivas que não os seus.
- Demonstra abertura a novas estruturas organizacionais, procedimentos e tecnologia.
- Muda para uma estratégia diferente quando a que foi selecionada inicialmente não obtém êxito.
- Demonstra disposição para modificar uma posição fortemente mantida em face de evidências em contrário.

Apêndice B
Competências para estudos de caso

Advogado corporativo
Competências-chave:

- Orientação para resultados.
- Impacto e influência.
- Atendimento ao cliente.
- Capacidade analítica.
- Agilidade estratégica.
- Orientação para a equipe.

Perguntas:

1. Fale-me de uma ocasião em que usou seu julgamento para persuadir um sócio ou gestor sênior a tomar uma decisão diferente em um caso.

    - Impacto e influência.
    - Atendimento ao cliente.
    - Orientação para a equipe.
    - Orientação para resultados.

2. Fale-me de uma ocasião em que usou uma análise contenciosa complexa em um caso. Qual foi o resultado?

- Orientação para resultados.
- Capacidade analítica.

3. Você já usou uma estratégia contenciosa? Descreva uma situação em que usou uma estratégia contenciosa para ajudá-lo a administrar o caso, e diga-nos as etapas por que passou para determinar a estratégia contenciosa correta a ser usada. O que aconteceu?

- Agilidade estratégica.
- Capacidade analítica.
- Orientação para resultados.

4. Fale-nos de uma ocasião em que teve que lidar com uma questão difícil com um funcionário. Como lidou com isso? O que aconteceu?

- Atendimento ao cliente.
- Impacto e influência.
- Orientação para a equipe.

5. Descreva uma situação em que teve que lidar com um cliente difícil. Como enfrentou a situacão?

- Atendimento ao cliente.
- Impacto e influência.
- Orientação para a equipe.
- Agilidade estratégica.

6. Fale-nos de uma situação em que usou suas capacidades e conhecimento para ajudar a equipe. Qual era o seu papel? Qual foi a consequência ou o resultado de sua contribuição?

- Orientação para a equipe.
- Impacto e influência.
- Orientação para resultados.

Vice-presidente de recursos humanos
Competências-chave:

- Orientação para resultados.
- Impacto e influência.
- Foco no cliente.
- Fortalece parcerias e relacionamentos comerciais e equipes de negócios.
- Consultor.
- Consciência, agilidade e sagacidade organizacionais.
- Dá feedback.
- Compreende os objetivos do negócio.
- Especialistas em recursos humanos.

Perguntas:

1. Fale-nos de uma situação em que teve que trabalhar de forma especialmente árdua para conseguir um bom resultado. O que você fez?

    - Orientação para resultados.
    - Compreende os objetivos do negócio.

- Impacto e influência.
- Consciência, agilidade e sagacidade organizacionais.

2. Fale-nos de uma ocasião em que você teve que influenciar um grupo de pessoas para conseguir conduzi-las efetivamente.

- Impacto e influência.
- Fortalece parcerias e relacionamentos comerciais e equipes de negócios.
- Foco no cliente.
- Orientação para resultados.
- Consciência, agilidade e sagacidade organizacionais.
- Dá feedback.

3. Quando começou a trabalhar para seu atual empregador, o que fez para aprender as coisas específicas sobre o ramo que você precisava saber para ser produtivo em recursos humanos? Como você decidiu o que era especialmente importante?

- Compreensão dos objetivos do negócio.
- Foco no cliente.
- Especialista em recursos humanos.
- Consultor.

4. Fale-nos de uma das parcerias comerciais mais produtivas que ajudou a estabelecer. O que fez para torná-la tão produtiva? Teve que superar quaisquer obstáculos? Descreva o que aconteceu.

- Fortalece parcerias e relacionamentos comerciais e equipes de negócios.
- Orientação para resultados.
- Consciência, agilidade e sagacidade organizacionais.
- Impacto e influência.
- Foco no cliente.
- Dá feedback.

5. Você já teve que apresentar novas ideias ou programas em sua empresa? Fale-nos sobre o programa e descreva as medidas que tomou para melhorar a aceitação dele.

- Compreende os objetivos do negócio.
- Especialista em recursos humanos.
- Orientação para resultados.
- Impacto e influência.
- Foco no cliente.
- Fortalece parcerias e relacionamentos comerciais e equipes de negócios.
- Consultor.
- Consciência, agilidade e sagacidade organizacionais.
- Dá feedback.

6. Fale-nos de uma situação em que cometeu um erro. O que aprendeu com isso?

- Foco no cliente.
- Fortalece parcerias e relacionamentos comerciais e equipes de negócios.

- Consultor.
- Consciência, agilidade e sagacidade organizacionais.
- Impacto e influência.

Diretor, tecnologia da informação
Competências-chave:

- Cria soluções inovadoras.
- Raciocina analiticamente.
- Age estrategicamente e globalmente.
- Controla os resultados.
- Excede as expectativas dos clientes.
- Assume riscos.
- Age de forma decisiva.
- Colabora e influencia as pessoas.
- Demonstra integridade.
- Trata as pessoas com respeito.
- Administra o desempenho.
- Desenvolve as pessoas.
- Administra mudanças.

Perguntas:

1. Fale-nos de uma situação em que teve que tomar diversas ações durante um período de tempo e superar obstáculos, de modo a alcançar um objetivo comercial.

    - Controla os resultados.
    - Raciocina analiticamente.

- Administra o desempenho.
- Age estrategicamente e globalmente.

2. Descreva uma ocasião em que teve que identificar algumas questões-chave, de modo a orientar um grupo em direção à decisão certa.

- Colabora e influencia outras pessoas.
- Raciocina analiticamente.
- Age estrategicamente e globalmente.
- Controla os resultados.
- Age de forma decisiva.
- Demonstra integridade.
- Trata as pessoas com respeito.
- Administra o desempenho.
- Desenvolve as pessoas.

3. Pense em uma situação em que tinha muitos projetos desafiadores com diferentes prioridades para administrar. Fale-nos sobre isso.

- Controla os resultados.
- Cria soluções inovadoras.
- Raciocina analiticamente.
- Age estrategicamente e globalmente.
- Excede as expectativas dos clientes.
- Assume riscos.
- Age de forma decisiva.
- Colabora e influencia outras pessoas.
- Demonstra integridade.
- Trata as pessoas com respeito.

- Administra o desempenho.
- Desenvolve as pessoas.
- Administra as mudanças.

Nível superior, engenheiro
Competências-chave:

- Orientação para resultados.
- Iniciativa.
- Capacidade analítica.
- Atendimento ao cliente.
- Competências de engenharia e computação.
- Planejamento e organização.
- Busca de informação.

Perguntas:

1. Fale-me de uma tarefa na faculdade ou no trabalho que exigiu forte capacidade analítica. Como você planejou e organizou o trabalho? Como decidiu de que informações precisaria?

    - Capacidade analítica.
    - Planejamento e organização.
    - Busca de informações.
    - Iniciativa.
    - Orientação para resultados.
    - Competências técnicas.

2. Você já trabalhou com um cliente difícil? Descreva o que aconteceu.

    - Atendimento ao cliente.
    - Busca de informações.
    - Iniciativa.

3. Fale-me sobre o projeto de engenharia ou informática mais difícil em que você trabalhou. Descreva quais obstáculos encontrou e diga-me como os superou.

    - Orientação para resultados.
    - Iniciativa.
    - Capacidade analítica.
    - Competências de engenharia e informática.
    - Planejamento e organização.
    - Busca de informação.

Apêndice C
Exemplos de perguntas de entrevistas ilegais

1. Qual é a sua nacionalidade?
2. Onde você nasceu?
3. Que igreja você frequenta?
4. Qual é sua língua nativa?
5. Onde seus pais nasceram?
6. Você é casado?
7. Você tem planos de ter filhos?
8. Que planejamento você tem para a assistência aos filhos?
9. Você é gay ou heterossexual?
10. Você tem quaisquer deficiências?
11. Teve alguma doença ou operação recentes?
12. Que tipo de dispensa militar você teve?
13. Fale-me de sua família.
14. Quando você se formou no ensino médio?

Notas

Capítulo 1

1. Lou Adler, "The Best Interview Question of All Time". *www.erexchange.com*, 28 de junho de 2001.

Capítulo 2

1. *www.ohr.psu.edu*
2. Adaptado de Robert Wood e Tim Payne, *Competency-Based Recruitment and Selection*.

Capítulo 3

1. Fonte para estatística: *www.eeoc.gov/eeoc/statistics/enforcement/state_11.cfm*

Capítulo 6

1. As últimas sete dicas neste livro são adaptadas de *Human Communication: The Basic Course*, de Joseph A. DeVito.

Capítulo 7

1. Robin Kessler e Linda A. Strasburg. *Manual de currículos*.

Capítulo 8

1. Robin Kessler e Linda A. Strasburg. *Manual de currículos*.

Capítulo 11

1. Fonte: *http://www.brainyquote.com/quotes/quotes/a/arthurccl 101182.html#ixzz1n9QiEMrL*.
2. Fonte: Wikipedia.com.

Capítulo 12

1. Fonte: *http://en.wikipedia.org/wiki/Northwestern_University_ in_Qatar*.
2. "Defining the Content Domain of Intercultural Competence for Global Leaders". Allan Bird, Mark Mendenhall, Michael J. Stevens, Gary Oddou. *Journal of Managerial Psychology*, Volume 25, N° 8, 2010, p. 811.
3. Ibid., p. 814.
4. Adaptado de ibid., p. 815-820.
5. Ibid., p. 815.
6. De: *http://en.wikipedia.org/wiki/Public_Service_Commission_of_ Canada#Public_Service_Employment_Act*.
7. Ibid.
8. De: *http://www.cra-arc.gc.ca/crrs/wrkng/ssssmnt/cmptncy/menu-eng.html*.
9. Estatísticas sobre a Índia da Wikipedia.com.
10. De "The Indian CEO: A Portrait of Excellence" (informativo técnico, site do Hay Group: *http://www.haygroup.com/downloads/ uk/Indian_CEO.pdf*).
11. Ibid.
12. Ibid.

Bibliografia

ADLER, L. *Hire With Your Head: Using Power Hiring to Build Great Companies*, 2ª edição. Hoboken, N.J.: John Wiley & Sons, Inc., 2002.

ADLER, R.B. e ELMHORST, J.M. *Communicating at Work: Principles and Practices for Business and the Professions*, 8ª edição. Boston: McGraw Hill, 2004.

BOYATZIS, R. *The Competent Manager: A Model for Effective Performance*. Nova York: John Wiley & Sons, 1982.

COOPER, K.C. *Effective Competency Modeling and Reporting: A Step-by-Step Guide for Improving Individual & Organizational Performance*. Nova York: Amacim, 2000.

CRIPE, E.J. e MANSFIELD, R.S.. *The Value-Added Employee*. Woodburn, Mass.: Butterworth-Heinemann, 2002.

DEVITO, J. *Human Communication: The Basic Course*, 9ª edição. Boston: Allyn & Bacon, 2002.

DOBKIN, B. e PACE, R.C. *Communication in a Changing World*. Boston: McGraw Hill, 2003.

FRY, R. *101 Great Answers to the Toughest Interview Questions*, 3ª edição. Franklin Lakes, N.J.: Career Press, 1996.

GREEN, P. C. *Desenvolvendo competências consistentes*. Rio de Janeiro: Editora Qualitymark, 1999.

KESSLER, R. e STRASBURG. L.A. *Competency-Based Resumes: How to Bring Your Resume to the Top of the Pile*. Franklin Lakes, N.J.: Career Press, 2004.

LOMBARDO, M.M. e EICHINGER, R. W. *The Leadership Machine: Architecture to Develop Leaders for Any Future*. Minneapolis: Lominger, 2001.

POWERS, Dr. P. *Winning Job Interviews: Reduce Interview Anxiety, Outprepare the Other Candidates, Land and the Job You Love*. Franklin Lakes, N.J.: Career Press, 2004.

QUINN, C. *Don't Hire Anyone Without Me!: A Revolutionary Approach to Interviewing & Hiring the Best*. Franklin Lakes, N.J.: Career Press, 2001.

SPENCER, Jr., LYLE M., Ph.D. e Signe M. Spencer. *Competence at Work: Models for Superior Performance*. Nova York: John Wiley & Sons, Inc., 1993.

WENDLETON, K. *Interviewing and Salary Negotiation*. Clifton Park, N.Y.: Thomson Delmar Learning, 1999.

_____. *Mastering the Job Interview and Winning the Money Game*. Clifton Park, N.Y.: Thomsopn Delmar Learning, 2005

WOOD, R. e PAYNE, T. *Competency-Based Recruitment and Selection: A Practical Guide*. Chichester, Inglaterra: John Wiley & Sons, 2003.

YATES, M. *Knock'Em Dead 2005: The Ultimate Job Seekers Guide*. Avom, Mass.: Adams Media Corporation, 2004.

best.
business

Este livro foi composto na tipologia Palatino LT Std Roman,
em corpo 10,5/15, e impresso em papel off-set 75g/m² no Sistema
Cameron da Divisão Gráfica da Distribuidora Record.